TRAITÉ

DE LA

POLICE ADMINISTRATIVE

DES

THÉATRES DE LA VILLE DE PARIS.

PARIS. IMPRIMERIE DE PLON FRÈRES, RUE DE VAUGIRARD, 36.

TRAITÉ

DE

LA POLICE ADMINISTRATIVE

DES

THÉATRES DE LA VILLE DE PARIS,

PAR M. SIMONET,

AVOCAT, ANCIEN CHEF DU BUREAU DES THÉATRES
A LA PRÉFECTURE DE POLICE,
CHEVALIER DE LA LÉGION D'HONNEUR.

PARIS,
GUSTAVE THOREL, SUCCESSEUR D'ALEX-GOBELET,
PLACE DU PANTHÉON, 4, PRÈS L'ÉCOLE DE DROIT.

1850

INTRODUCTION.

Il nous a semblé qu'un traité sur la législation et la police des théâtres de la ville de Paris serait utile, et nous l'avons entrepris après de nombreuses recherches et l'expérience acquise en cette matière pendant vingt années comme chef du bureau des théâtres à la préfecture de police.

La division de l'ouvrage que nous offrons au public est simple. Elle consiste à présenter dans un ordre de numéros les règles administratives relatives aux théâtres.

A la suite de ces règles, nous avons mentionné et énuméré les diverses mesures d'ordre, de sûreté et de police qui concernent l'exploitation de ces entreprises.

Nous les avons fait souvent accompagner de quelques vues d'amélioration en rapport avec les législations théâtrales qui se sont succédé depuis la loi des **16-24** août **1790** s'occupant des spectacles publics.

Enfin, nous avons cité à l'appui de chacun de nos articles, les lois, décrets, ordonnances royales, et notamment les ordonnances de police sur lesquelles la disposition de ces articles est fondée.

De cette manière, nous espérons que nos lecteurs pourront se rendre compte des règles adoptées et suivies jusqu'à ce jour, par l'administration, en même temps qu'il leur sera facile d'apprécier les divers points qui nous ont paru susceptibles d'amélioration.

Nous allons développer notre sujet; puissent nos efforts obtenir l'approbation des magistrats de l'ordre administratif, appelés à statuer sur les demandes en autorisation d'entreprises théâtrales, et à exercer sur ces établissements une surveillance dont dépend le maintien de l'ordre, de la salubrité et de la sûreté publique, si nécessaire dans des localités où il se fait habituellement de grands rassemblements.

TRAITÉ

DE LA

POLICE ADMINISTRATIVE

DES

THÉATRES DE LA VILLE DE PARIS.

CHAPITRE PREMIER.

DES DIVERSES NATURES D'AUTORISATIONS.

N° 1er. — Aucun théâtre ne peut s'établir dans Paris, aucune nouvelle salle de spectacle ne peut y être construite, sans une autorisation spéciale du ministre de l'intérieur.

Cette disposition est fondée sur le décret du 8 juin 1806 et sur celui du 29 juillet 1807. Elle était pareillement basée sur la loi du 9 septembre 1835, avant son abrogation résultant du décret du gouvernement provisoire de la République française, en date du 6 mars 1848.

Par le décret de 1806 l'entrepreneur est obligé de justifier des moyens en son pouvoir pour assurer l'exécution de ses engagements.

L'article 12 du décret du 13 août 1811 dispose que l'ouverture d'un théâtre ou spectacle dans Paris, sans déclaration ou permission préalable, sera poursuivie par la voie de la police correctionnelle et punie des peines portées en l'article 410 du Code pénal.

L'article 13 du même décret prescrit au ministère public près les cours et tribunaux de poursuivre, même d'office, ces sortes de contraventions.

La loi du 9 septembre 1835 portait, en outre, que l'ouverture d'un théâtre quelconque sans autorisation serait punie d'une amende de mille à cinq mille francs et d'un emprisonnement d'un mois à un an.

Selon nous, un trop grand nombre de théâtres dans Paris serait contraire à la prospérité de chacun d'eux et conduirait à la décadence de l'art dramatique. Il nous semble qu'une sage administration ne devrait accorder de nouvelles autorisations qu'autant qu'elle aurait préalablement reconnu que les vingt-deux théâtres existants aujourd'hui ne pourraient suffire au besoin et aux plaisirs de la population.

N° **2**. — Dans les premières années qui ont suivi la révolution de 1789, et sous la loi du 19 janvier

1791, concernant la liberté de l'industrie théâtrale, il se forma dans Paris des cafés-spectacles. Ces établissements, dans lesquels le genre dramatique s'introduisit, furent supprimés depuis en vertu d'un arrêté ministériel en date du 12 novembre 1807 et d'un autre arrêté pris en 1829 par le ministre de l'intérieur, lequel eut pour résultat de faire fermer le café-spectacle de l'ancien théâtre Montansier.

Celui qui fut ouvert en 1838 sur le boulevard Bonne-Nouvelle, en vertu d'une autorisation ministérielle, est une exception en présence des décisions antérieures, qui avaient constamment repoussé ces sortes d'entreprises.

Nous croyons que la suppression de ce genre d'établissement peut être prononcée par le préfet de police, parce que ces spectacles mixtes se trouvent tout à fait dans les attributions de la police municipale, cette partie de l'administration étant chargée de la surveillance de tous les lieux publics par la loi du 16-24 août 1790, titre XI.

Le préfet de police accorde pareillement des autorisations pour l'ouverture des spectacles de curiosités, tels que panoramas, dioramas, géoramas, cosmoramas, navaloramas, marionnettes, mécaniques et pittoresques, danses de corde, exercices d'adresse et d'agilité, tours de force, points de vue maritimes, cabinets de figures en cire, automates, animaux, physique expérimentale, prestidigitation, joutes, aérostats, courses de chevaux, jeux athlétiques, gymnastiques, exercices d'équitation, jeux et cirques équestres, hippodromes, assauts d'armes, feux d'artifice, salles de concerts, jardins publics, cafés-concerts, gymnases de patineurs, etc.

N° 3. — La législation prohibe dans Paris, l'existence des théâtres dits de société ou comédie bourgeoise, où l'on est admis même gratuitement.

Cette prohibition est basée sur l'article 5 du décret du 29 juillet 1807;

Sur l'arrêté du ministre de l'intérieur du 2 avril 1824;

Sur l'ordonnance de police du 31 janvier 1829;

Sur une circulaire du préfet de police, adressée aux commissaires de police le 16 juin 1832, dont nous rappelons ici les dispositions principales :

« Monsieur, depuis la révolution de 1830 un » grand nombre de théâtres dits de société se sont » établis, sans autorisation, dans plusieurs quartiers » de la capitale.

» Le public est ordinairement admis avec ou sans » rétribution dans ces établissements.

» Ces entreprises clandestines, c'est-à-dire celles » qui n'ont point été reconnues par l'autorité, ne » sont pas sans de graves inconvénients, sous le » rapport de l'art dramatique, de l'intérêt particu-

» lier des théâtres autorisés, et de celui de l'ordre et » de la sûreté publique.

» L'article 5 du décret du 29 juillet 1807 pres- » crit la fermeture de ces sortes de théâtres, il dé- » fend expressément d'y représenter aucune pièce » et d'y admettre le public, même gratuitement, et » par l'article 12 du décret du 13 août 1811 ces » contraventions sont punies de peines correction- » nelles.

» L'existence illicite de ces théâtres ayant fixé » l'attention du gouvernement, M. le ministre du » commerce, par sa lettre du 9 de ce mois, me charge » de prendre des dispositions pour faire cesser de » semblables infractions, et opérer la fermeture de » ces spectacles clandestins.

» Cette mesure étant fondée sur les lois et décrets » qui n'ont pas cessé d'être en vigueur, je vous in- » vite, Monsieur, à vous livrer immédiatement à la » recherche de tous les théâtres, même ceux dits de » société, qui peuvent avoir été établis sans autori- » sation de l'administration.

» Vous devrez constater leur existence et notifier » à chacun des propriétaires entrepreneurs et socié- » taires desdits établissements qu'ils aient à fermer » leur salle de spectacle, et à s'abstenir, à l'avenir, » de faire jouer par qui que ce soit et sous aucun » prétexte aucun ouvrage appartenant à l'art dra- » matique, soit devant un public admis avec ou sans

» rétribution, la loi ne faisant pas de distinction à » cet égard.

» Vous m'adresserez les procès-verbaux des mi- » ses en demeure que vous aurez notifiées aux » personnes qui ont créé ces sortes de théâtres.

» Vous vous assurerez si les entrepreneurs se sont » conformés à vos injonctions, et, dans le cas con- » traire, vous constaterez régulièrement leur con- » travention chaque fois qu'ils feront jouer des ou- » vrages dramatiques. »

Cette circulaire porte en outre que « la même » mesure devra être appliquée, à l'avenir, à toute » entreprise théâtrale ou association dramatique à » l'égard desquelles les formalités voulues par les » lois et par les règlements de police sur les théâ- » tres n'auront point été remplies.

» Ce sont surtout les spectacles clandestins pré- » tendus de société qu'il importe d'interdire. Ils exis- » tent contrairement à la loi et ils détournent les » artisans et la jeunesse d'une bonne règle de con- » duite en les encourageant à la dissipation. »

La mesure prescrite par la circulaire précitée, nous paraît on ne peut plus fondée, et en cela, nous exprimons le désir que l'autorité persiste à faire exécuter strictement l'ordonnance de police du 31 janvier 1829 sur les théâtres de société, dans l'intérêt des établissements dramatiques reconnus par l'autorité supérieure.

N° 4. — Les spectacles de pantomimes, ceux de curiosités, les salles de concerts sont pareillement soumis à une autorisation du préfet de police qui est chargé de les maintenir dans les limites de leur genre et de veiller à ce que les pièces qu'on y joue ne s'écartent pas des bornes de la décence.

Ces spectacles sont régis par des règlements particuliers et ne doivent pas porter le titre de théâtre, d'après l'art. 15 du décret du 8 juin 1806.

L'application de ce principe a donné lieu à consulter l'autorité supérieure sur l'exécution de la loi du 9 septembre 1835, afin de savoir si le préfet de police avait conservé dans ses attributions les autorisations relatives aux spectacles de curiosités.

Cette loi étant toute politique et ne touchant pas aux règlements de police antérieurs, il a été décidé que les choses resteraient dans leur ancien état, et que les permissions pour les établissements dont il s'agit continueraient à être délivrées par le préfet de police.

Cependant l'autorité supérieure a demandé à être encore consultée lorsqu'il serait question de concerts permanents, de concerts où l'on exécuterait de la musique vocale, ou de tout autre spectacle dont l'existence aurait une durée de plus de trois mois.

En ce qui concerne l'ouverture des salles de concerts, nous ferons remarquer que les autorisations ne pouvaient résulter que de l'ordonnance de police du 31 mai 1833, avant la décision de principe énoncée ci-dessus.

N° 5. — Les autorisations pour l'exploitation des théâtres sont personnelles, et non transmissibles sans l'agrément de l'autorité.

Elles sont révoquées de plein droit dans le cas où les titulaires en feraient un objet de spéculation, en les cédant à d'autres personnes, à l'insu de l'administration.

L'état de faillite d'un directeur entraîne également le retrait de son privilége.

Une décision ministérielle en date du 2 novembre 1829, relative au privilége cédé clandestinement par le directeur du théâtre de la Porte-Saint-Martin, dispose qu'un titre concédé par le gouvernement ne peut être transmissible sans son autorisation ni devenir l'objet d'une transaction.

Cette décision repose sur les dispositions de l'article 2 du décret du 8 juin 1806, qui oblige l'entrepreneur à justifier des moyens qu'il a de remplir ses engagements : si le privilége d'un directeur pouvait se transmettre sans l'autorisation du gouvernement, la condition ci-dessus serait évidemment éludée.

CHAPITRE II.

MODE DE CONSTRUCTION DES THÉATRES.

N° **6**. — Aucune nouvelle salle de spectacle ne peut être bâtie qu'en exécution des conditions prescrites par l'ordonnance de police du 9 juin 1829, soit pour l'isolement, soit pour les dispositions intérieures et la nature des matériaux qui doivent entrer dans la construction.

Quelques salles ne sont pas isolées des propriétés voisines ; il est à regretter que, dans un intérêt de sûreté publique, leur mode de construction ne présente point les garanties que réclame la nature des dangers inséparables de ces sortes d'établissements.

Il serait à désirer que les priviléges dont jouissent actuellement les directeurs de ces théâtres fussent renouvelés ou prorogés, à la condition expresse de reconstruire ou de modifier leurs salles d'après les prescriptions de l'ordonnance du 9 juin, dont on ne saurait trop assurer l'entière exécution.

Si les théâtres de la Gaîté, des Italiens et du Vaudeville, qui furent incendiés de 1835 à 1838 eussent, été construits selon l'ordonnance, on n'aurait pas à déplorer leur totale destruction.

Les théâtres édifiés d'après les dispositions de ladite ordonnance ou qui se rapprochent le plus des conditions de bâtisse qu'elle exige sont dans l'ordre suivant : les Folies-Dramatiques, le Palais-Royal, la Gaîté, le théâtre Saint-Antoine ou Beaumarchais, Saint-Marcel, les Batignolles et l'Opéra-Comique, tous établissements où le public serait plus en sûreté que dans les autres, si le feu se déclarait pendant la représentation, la construction de ces salles ne se composant que de matériaux incombustibles.

L'autorité administrative ferait une chose très-légale si, par un nouvel arrêté, elle décidait que l'ordonnance de police du 9 juin 1829 s'appliquerait en tout ou partie aux théâtres existants et que la prorogation des priviléges serait subordonnée à cette exécution.

Il importerait aussi qu'il intervînt une décision du gouvernement ou une ordonnance de police fondée sur l'intérêt de la sûreté publique compromise dans quelques salles, laquelle obligerait les propriétaires ou directeurs des théâtres exploités actuellement à faire pratiquer un isolement entre leurs salles et les habitations voisines, lorsque la possibilité en serait reconnue par les gens de l'art.

Par cette mesure, les pans de bois qui séparent ces mêmes théâtres des propriétés voisines seraient remplacés par des murs en moellons ou briques ; et, à l'égard des pans de bois séparant le théâtre de la salle, il suffirait provisoirement qu'ils fussent enduits de plâtre de leur base au comble, jusqu'à leur remplacement par des murs en maçonnerie.

Enfin, l'on accorderait une dernière garantie à la sûreté publique en exigeant que toutes les cloisons de loges d'acteurs, les magasins et ateliers renfermés dans les salles de spectacle fussent enduits de plâtre.

N° **7**. — L'usage des cheminées et des poêles est expressément défendu par les règlements de police quand les loges d'acteurs ne sont pas séparées de la salle par des murs en maçonnerie.

Les directeurs ne peuvent faire chauffer ces loges qu'au moyen de la vapeur, ou par des calorifères pour l'établissement desquels le préfet de police doit être consulté.

Quand les loges d'acteurs sont séparées de la scène, les cheminées et les poêles doivent être garnis de plaques en tôle pour les fermer après la représentation, et le parquet environnant, recouvert de tôle dans un rayon de 0, 60 c.

N° **8**. — Les escaliers de service doivent être entourés de murs ou de cloisons hourdées.

N° **9**. — L'escalier et le corridor des musiciens ne doivent conduire qu'à l'orchestre, et ne peuvent jamais donner entrée dans les dessous.

N° **10**. — Les salles de spectacle doivent être aérées. La ventilation s'opère au moyen d'une cheminée d'appel formée par le lustre.

Une ouverture pratiquée au-dessus et d'une dimension convenable doit correspondre à une autre cheminée parfaitement close, qui s'élève jusqu'au dessus du comble.

N° **11**. — On doit renouveler l'air dans les grands amphithéâtres et les parties supérieures des théâtres à l'aide de tuyaux d'une capacité suffisante, mis en communication avec la cheminée d'appel située au-dessus de la calotte de la salle, et au moyen d'ouvertures pratiquées dans l'épaisseur des planchers des loges et autres points sur lesquels on peut les conduire sans inconvénient pour les spectateurs.

Sur l'avis donné par une commission spéciale, nommée par le préfet de police et présidée par M. Darcet, membre du conseil de salubrité, ce moyen a été mis en usage dans les théâtres nouvellement construits.

On ne saurait trop insister pour qu'une telle précaution de salubrité publique fût imposée lorsqu'il s'agirait de la construction d'une salle de spectacle.

N° **12**. — Le lustre de la salle doit être suspendu par des câbles en fil de laiton, avec contre-poids. Il est également nécessaire de garnir d'un frein la machine qui sert à le faire monter ou descendre, attendu qu'elle agit toujours lorsque la personne chargée de la manœuvre ne pose pas le pied dessus.

N° **13**. — Le lustre doit être garni de réseaux métalliques propres à contenir les débris de verre des cheminées placées sur les becs de gaz, dont l'intensité de la flamme et les courants d'air occasionnent fréquemment l'éclat.

Cette mesure a été prescrite par une circulaire du préfet de police, en date du 18 novembre 1829, pour préserver les spectateurs de la chute des débris de verre, avant et pendant la représentation.

N° **14**. — Pour la sûreté des machinistes et de leurs employés chargés du changement des décorations, pendant les entr'actes les contre-poids sont toujours contenus dans des cheminées en bois, de manière à les conduire dans les derniers dessous, en cas de rupture des cordages.

Les dispositions indiquées depuis le n° 7 jusqu'au 14 rentrent essentiellement dans les attributions du préfet de police, en vertu de la loi du 16-24 août 1790, titre XI, et des articles 12 et 24 de l'arrêté du gouvernement du 12 messidor an VIII, lesquels portent que ce fonctionnaire doit veiller à la sûreté publique, dans les lieux où il se fait de grands rassemblements de personnes, notamment dans les théâtres.

CHAPITRE III.

DES THÉATRES SOUS LE RAPPORT DE LEUR SOLIDITÉ ; DES PRÉCAUTIONS CONTRE L'INCENDIE. DE LEUR MODE D'EXPLOITATION.

N° **15**. — Aucun théâtre ne peut être ouvert au public avant qu'il n'ait été constaté par une commission d'architectes, à laquelle est adjoint le chef de corps des sapeurs-pompiers de la ville de Paris, que la salle est solidement construite, que les précautions relatives à l'incendie ont été prises, et qu'il ne se trouve sous les péristyles et vestibules rien qui puisse, en aucune manière, porter obstacle à la circulation.

Cette disposition rentre dans l'exécution des arrêtés du gouvernement du 1er germinal an VII, 12 messidor an VIII, de l'ordonnance de police du 12 février 1828 et de celle du 9 juin 1829.

N° **16**. — Les directeurs sont tenus de veiller à ce qu'il n'y ait jamais, dans l'intérieur de leurs théâtres, ni copeaux, ni débris de bois, ni autres objets susceptibles de fournir un aliment à l'incendie.

Il leur est seulement permis d'avoir, dans la partie du théâtre qui leur est désignée par le préfet de police, un ou deux établis exclusivement destinés aux réparations urgentes des décors.

Ces réparations, qui ne doivent être faites que de jour, doivent cesser une heure au moins avant l'ouverture de la salle de spectacle au public.

Les copeaux et autres débris qui en proviennent, sont également enlevés, chaque jour, une heure avant l'ouverture du théâtre.

N° **17**. — Les ouvriers peintres et menuisiers qui font usage de feu ne doivent en allumer que dans une sorbonne ordinairement établie dans le comble de la salle destinée aux spectateurs. Ces sorbonnes, renfermées dans des cloisons hourdées, doivent être plafonnées, carrelées et leurs portes en fer se fermer d'elles-mêmes pour empêcher toute communication de feu avec les autres parties du comble.

N° **18**. — Lorsque les ouvriers sont dans la nécessité d'exécuter quelques réparations, sur place, dans les parties obscures d'un théâtre, ils ne doivent être éclairés que par des lampes entourées de tissus métalliques.

N° **19**. — Toutes les lampes fixes, placées dans

les couloirs et autres parties du théâtre, doivent être couvertes d'une toile de tôle ou de fer-blanc de 30 centimètres de côté.

Les herses de lumière, dans les cintres de la scène, doivent aussi être enveloppées d'une toile métallique de 144 millimètres au pied carré.

N° **20**. — Il ne peut jamais être conservé, dans les théâtres, que les décors indispensables aux représentations, pendant trois jours seulement. Ceux dont on n'a pas fait usage pendant ce laps de temps doivent être enlevés et transportés dans un magasin séparé de la salle de spectacle, conformément à l'arrêté du gouvernement du 1er germinal an VII (21 mars 1799, art. 1er).

N° **21**.—Il est essentiel que les coulisses, cintres, passages, corridors, escaliers soient constamment libres ; les directeurs ne doivent y faire déposer ni matériel, ni machines, ni accessoires, attendu que ces objets entraveraient la circulation et gêneraient l'approche des secours en cas de feu.

N° **22**. — D'après l'arrêté du gouvernement du 1er germinal an VII, les directeurs de théâtres sont tenus, sous leur responsabilité, de faire exécuter immédiatement ce qui leur est prescrit par le préfet de police, dans l'intérêt de l'ordre, de la sûreté et de la salubrité publique.

Cette responsabilité entraîne contre eux, lorsqu'il y a négligence, omission ou refus de leur part, la fermeture immédiate de leur salle.

Pour se dispenser de se conformer à ce qui leur est ordonné par le préfet, ils ne peuvent invoquer les clauses de leur bail, ni leur privilége, et forcer l'autorité à se pourvoir devant le ministre de l'intérieur ou à plaider contre les propriétaires des salles de spectacle, par la raison que l'action du préfet ne s'exerce qu'en vue de l'industrie théâtrale et à l'occasion des réunions publiques dont la loi lui confie la surveillance sous le rapport de la sûreté.

L'arrêté de germinal nous paraît devoir entraîner la responsabilité des directeurs, et justifier suffisamment la fermeture des salles de spectacle, dans le cas où les mesures ordonnées par l'administration ne seraient pas exécutées ponctuellement.

N° **23.** — Le préfet a le droit également de faire fermer, à l'instant, tout spectacle, si les entrepreneurs, au mépris dudit arrêté, négligent un seul jour d'entretenir en bon état les réservoirs pleins d'eau, les pompes et tous leurs agrès, et d'avertir les personnes qui doivent constamment être prêtes à porter des secours en cas d'incendie.

Cette disposition résulte pareillement de l'ordonnance de police du 12 février 1828, qui est basée sur l'arrêté de l'an VII.

N° **24**. — Pour prévenir les funestes effets de la négligence et les tentatives du crime près de ces établissements, qui sont exposés continuellement à devenir la proie des flammes, l'arrêté de germinal an VII a imposé l'obligation d'avoir à chaque théâtre un service de sapeurs-pompiers rétribués, pendant les représentations, les répétitions des ouvrages dramatiques et les épreuves des pompes.

La rétribution due à chaque sapeur, par les directeurs, est toujours réglée par le préfet de police. Un arrêté du 31 août 1830 a modifié et réduit les rétributions qui avaientété accordées en exécution de tarifs antérieurs.

N° **25**. Indépendamment de l'action donnée par la loi au préfet de police pour faire fermer un théâtre, il arrive journellement que des précautions prescrites tant à l'intérieur qu'à l'extérieur de quelques salles de spectacle, par des arrêtés spéciaux, ne sont pas prises, et que l'autorité, pour mettre à couvert sa responsabilité, se trouve dans la nécessité de traduire les directeurs devant le tribunal de simple police pour infraction à l'art. 471, n° 15, du Code pénal, afin que l'administration soit autorisée à faire exécuter d'office, aux frais des directeurs, les travaux demandés ou bien à faire supprimer ceux établis sans permission, comme présentant des dangers sous le rapport de la sécurité publique.

En pareille circonstance, le préfet ne croit pas devoir faire l'avance, sur le crédit qui lui est ouvert par son budget, des dépenses que nécessiteraient certains travaux, quelques directeurs n'offrant pas toujours, pendant la durée de leur gestion, des garanties de solvabilité telles que l'administraion puisse acquérir la certitude de rentrer dans ses déboursés.

Par ce motif et dans l'intérêt des deniers de la ville de Paris, qui pourraient être compromis, il s'ensuit que les travaux de sûreté publique imposés à un directeur ne sont pas exécutés, parce que l'autorité hésite à faire des dépenses qui peuvent être considérables, en raison du nombre de théâtres exploités dans la capitale.

En présence des sinistres de l'Odéon, de l'Ambigu-Comique, de la Gaîté, des Italiens et du Vaudeville (ces deux derniers théâtres totalement incendiés en 1838), l'administration du préfet de police nous paraîtrait assumer une grande responsabilité, si elle ne provoquait pas une disposition législative qui soumît tout directeur à justifier de capitaux suffisants pour assurer l'exécution des précautions propres à prévenir l'incendie des salles de spectacle.

Un premier moyen, selon nous, serait de ne nommer pour directeur qu'un citoyen offrant, indépendamment de sa capacité pour gérer un théâtre, des ressources pécuniaires, et de l'obliger à faire le dépôt d'un cautionnement à la caisse d'amortissement, lequel serait affecté spécialement aux travaux de sûreté publique reconnus nécessaires.

En cela, on agirait par voie d'assimilation avec les cautionnements auxquels sont assujettis les propriétaires de journaux.

Ce cautionnement, exigible en numéraire, d'après les devis estimatifs des dépenses applicables aux appareils contre l'incendie et dont les réparations sont fréquentes, devrait être fixé au moins à 20,000 fr. pour les théâtres de premier ordre et à 10,000 fr. pour ceux de second ordre, où les secours sont établis sur une moins grande échelle que dans les premiers.

Un pareil cautionnement, fondé uniquement sur l'intérêt de la sûreté publique, serait spécialement affecté au remboursement des dépenses occasionnées par les travaux et les précautions ayant pour objet de prévenir et d'arrêter l'incendie.

Le paiement des mémoires réglés par l'architecte de l'administration, serait ordonnancé par le préfet de police.

Mais, comme, dans toutes les lois, il faut une sanction pour réprimer la non-exécution de leurs dispositions, nous pensons qu'il serait nécessaire d'ordonner que tout directeur dont le cautionnement aurait été entamé par le paiement de dépenses de la nature de celles indiquées ci-dessus, et qui dans le mois de la mise en demeure à lui faite, ne l'aurait pas complété, verrait le cours de ses représentations suspendu : prohibition qui cesserait aussitôt qu'on se serait conformé à ladite injonction.

Par ce moyen, le préfet de police n'hésiterait pas à faire exécuter d'office, à la faveur des jugements qui les auraient ordonnés, les travaux et précautions contre l'incendie, parce qu'il serait assuré du remboursement des dépenses auxquelles ils auraient donné lieu.

Une telle mesure nous semblerait ressortir du décret du 8 juin 1806, qui exige de tout particulier se présentant pour obtenir une direction théâtrale de justifier des moyens qu'il a pour soutenir une entreprise de ce genre.

On pourrait encore l'appuyer au besoin du texte des règlements d'administration publique des 19 août 1814 et 15 mai 1815, lesquels permettent à l'autorité d'astreindre les directeurs à fournir un cautionnement en immeubles.

Ce serait cette condition qu'il conviendrait d'imposer aux directeurs en exigeant le cautionnement en espèces métalliques, sauf à le porter au-dessous de 20,000 francs, suivant le plus ou moins de chances d'incendie que comporterait un théâtre en raison de sa construction, de son isolement, des précautions et des appareils qu'il réunirait et surtout du genre de spectacle qu'on y exploiterait.

La légalité de la disposition précédente résulterait

notamment des articles 23 et 24 de l'ordonnance royale du 28 août 1822 concernant l'organisation du corps des sapeurs-pompiers de la ville de Paris.

N° **26**. — Un règlement du préfet de police du 17 octobre 1822, pris en exécution de l'ordonnance susdatée, impose impérativement à tout directeur un service de grand'garde de sapeurs-pompiers.

On donne ce nom à un piquet de sapeurs-pompiers composé, suivant l'importance du théâtre, de trois, quatre, ou même d'un plus grand nombre d'hommes placés sous les ordres d'un sous-officier.

Ce piquet fournit, pendant 24 heures, des factionnaires destinés à surveiller, de la scène, toutes les parties du théâtre où le feu peut se manifester.

Le factionnaire, pour résister au sommeil, doit demeurer debout, et d'heure en heure il est relevé par un autre.

Si le feu vient à se déclarer, il doit aussitôt se porter à la sonnette d'alarme, qui correspond au poste de la grand'garde, afin de provoquer les premiers secours.

Indépendamment de ce service, le règlement de police du 17 octobre 1822 exige qu'un autre détachement de sapeurs-pompiers soit toujours présent, pendant la durée des représentations, pour faire fonctionner les pompes, au besoin.

Dans ce cas, la grand'garde ne suffirait pas et le public pourrait courir des dangers si le service d'incendie n'était pas assuré dans toutes les parties de l'édifice.

Il arrive souvent qu'à l'Opéra le feu prend dans les cintres, pendant la représentation ; mais le sapeur-pompier placé sur un des ponts de la scène l'éteint à l'instant même à l'aide d'une pompe roulante ou pompe suisse constamment tenue à sa portée.

L'effectif de ce détachement est toujours réglé en raison du nombre d'appareils de secours à desservir.

N° **27.** — A l'égard des répétitions générales et de toutes celles pendant lesquelles la rampe de la scène où le lustre de la salle est allumé, et des ouvrages où l'on fait usage d'armes à feu ou de pièces d'artifice, elles ne peuvent avoir lieu qu'en présence d'un détachement de sapeurs-pompiers égal à celui qui assiste aux représentations ordinaires.

Il y a des directeurs qui cherchent parfois à se soustraire à ce service de surveillance pour éviter le paiement des rétributions qui y sont attachées, alors les commissaires de police sont obligés, d'après une instruction spéciale, de requérir, d'office, le détachement de sapeurs-pompiers qui doit assister aux répétitions générales.

Les commissaires doivent introduire ces militaires à l'intérieur des théâtres, pour leur faire occuper, pendant le temps des répétitions, les postes où sont situés les pompes, les réservoirs à compression d'air, les colonnes en charge et d'ascension destinées à combattre l'incendie.

En effet, d'après l'arrêté du gouvernement de germinal an VII, cette surveillance, lors des répétitions des ouvrages dramatiques, a été jugée indispensable ; car le législateur a voulu non-seulement garantir principalement la sûreté des personnes dans les salles de spectacle, mais encore veiller à la conservation de théâtres dont plusieurs sont des monuments d'art.

Les dispositions rapportées dans cet article et le précédent ont été prescrites, par deux arrêtés du préfet de police des 17 octobre 1822 et 27 octobre 1827, qui furent pris à l'occasion de l'incendie de l'Ambigu-Comique, lorsqu'il existait boulevard du Temple, à l'emplacement occupé aujourd'hui par la salle des Folies-Dramatiques, la première qui ait été construite conformément au mode réglé par l'ordonnance de police du 9 juin 1829.

N° **28.** — Les corps de garde des sapeurs-pompiers, dans les théâtres, doivent être secs, aérés, éclairés par la lumière du soleil, garnis du mobilier nécessaire et chauffés pendant l'hiver. Ces dépenses restent à la charge des directeurs.

N° **29.** — Indépendamment des pompes et des réservoirs, il doit y avoir, dans chaque théâtre, de longues échelles, et environ cent seaux à incendie, et autres agrès, placés dans des endroits non accessibles au feu.

N° **30.** — Les réservoirs supérieurs doivent être garnis d'appareils adoptés par le préfet de police, pour faire monter l'eau aussi haut que possible.

N° **31.** — Dans le rideau de fer qui sépare la salle du théâtre, il est toujours pratiqué une porte en fil de fer, maillé, pour que le sapeur de faction sur la scène pendant la nuit puisse pénétrer dans la salle et y exercer sa surveillance.

Toutes les dispositions contenues dans les quatre numéros précédents sont prises en exécution de l'art. 12 de l'arrêté des consuls du 12 messidor an VIII.

N° **32.** — Lorsque, comme aux Italiens ou à l'Opéra, il se trouve dans les théâtres pour le service de représentation un officier de sapeurs-pompiers, le préfet fait réserver à ce militaire une place dans l'orchestre payant, et il exige que cette place soit située le plus près possible de la scène, afin que cet officier, qui doit toujours avoir en sa possession la clef de la porte de communication, puisse passer facilement de la salle sur la scène et diriger les secours contre l'incendie.

N° **33.** — Pour la représentation des ouvrages dramatiques, lorsque la scène représente un salon fermé, éclairé autrement que par la rampe, il doit être également réservé au sous-officier de pompiers une place de laquelle il puisse voir toutes les parties de ce décor pendant le jeu des acteurs.

N° **34**. — Le chef du détachement de sapeurs-pompiers doit avoir en sa possession les passe-partout des cintres, des corridors, des dessous et des magasins d'accessoires, afin de pouvoir pénétrer dans toutes les parties du théâtre pour y diriger le service de secours contre l'incendie.

N° **35**. — A l'heure de l'ouverture des bureaux de l'extérieur, pour la vente des billets de spectacle, les escaliers du théâtre, les foyers, les corridors, les dessous, les cintres, les grils, le bureau et le corps de garde de police, le vestiaire, le contrôle des entrées, les vestibules et les abords de la salle doivent être éclairés de manière qu'on puisse y circuler facilement et les parcourir rapidement en cas d'incendie.

L'ordonnance royale du 20 août 1824, en vertu de laquelle a été rendue l'ordonnance de police du 20 décembre de la même année, exige que dans les théâtres éclairés par le gaz il soit placé des lampes d'argent, à double courant d'air, contenues dans des manchons en verre.

Il est nécessaire que le nombre et la position des

lampes soient en rapport avec les localités et allumées à partir du moment où le public entre dans la salle, jusqu'à sa sortie à la fin de la représentation.

Cette mesure a pour objet de remédier aux inconvénients qui pourraient résulter de l'extinction subite du gaz, et pour but de permettre au public de gagner sans accident les issues.

Les lampes doivent aussi être toujours placées dans les vestibules de même que dans les corridors, etc., qui conduisent au théâtre.

N° **36**. — Les règlements exigent encore que chaque jour, avant la représentation, le commissaire de police de service et l'officier de sapeurs-pompiers, ou, en leur absence, l'officier de paix et le sous-officier de pompiers, fassent ensemble une visite exacte de toutes les parties du théâtre et surtout des ateliers.

En faisant cet examen, ils doivent s'assurer si tous les agrès destinés à combattre l'incendie sont en bon état, si les réservoirs sont pleins, s'il n'existe dans les combles et dans les dessous aucun objet dont la présence pourrait compromettre la sûreté, et si les copeaux et autres matières combustibles provenant du travail des ouvriers ont été enlevés.

Si les appareils sont en mauvais état et que l'on reconnaisse qu'il y ait danger pour la sûreté publique, le commissaire de police doit provoquer sur-le-champ une décision du préfet d'après laquelle on ordonnerait provisoirement la fermeture immédiate du théâtre. Jusqu'à ce qu'il soit statué à cet égard, le commissaire doit prendre les mesures nécessaires pour empêcher le public de pénétrer dans la salle.

Une seconde visite doit être faite dans le même but, après la représentation, par le sous-officier de sapeurs-pompiers de service et le concierge du théâtre, qui ne peut s'y refuser. La loi exige même la présence du commissaire de service à la représentation.

N° **37**. — Le rideau de fer qui sépare la scène de la salle doit être descendu, les portes et trappes fermées, et en cas d'incendie cette manœuvre s'exécute instantanément.

N° **38**. — Le machiniste ne doit jamais se retirer, après la représentation, qu'après avoir complétement dégarni la scène et enlevé les rideaux de fond, pour faciliter la surveillance du factionnaire de grand'garde.

Au surplus, les visites dont il s'agit ont été expressément prescrites par l'arrêté de germinal an VII.

Les autres dispositions qui sont relatives à ces visites trouvent également leur sanction dans les lois et règlements d'administration publique sur cette matière.

N° **39**.—Outre ces visites, qui doivent, aux termes dudit arrêté, précéder et suivre chaque représentation, tous les théâtres doivent encore être examinés, au commencement de chaque mois, par une commission nommée par le préfet de police pour assister aux épreuves des pompes, faites par un détachement de sapeurs-pompiers rétribués.

Cette commission se compose du secrétaire général, d'un architecte, du commandant des sapeurs-pompiers, du capitaine-adjudant-major-ingénieur de ce corps, du chef du bureau des théâtres à la préfecture de police, du chef de la police municipale et du commissaire de police du quartier sur lequel se trouve le théâtre.

Dans ses visites périodiques, la commission doit indiquer, dans un rapport signé par tous ses membres et dressé en présence du directeur ou de l'architecte de la salle, les réparations qu'elle juge convenable de faire exécuter aux pompes, aux appareils de chauffage et d'éclairage, aux bornes-fontaines, au lustre de la salle, etc., dans l'intérêt du service de sûreté.

Elle doit également s'assurer si les chemins de ronde et la scène ne sont pas embarrassés d'accessoires et de décors inutiles au répertoire courant.

Si les réparations sont de peu d'importance, il doit être adressé aux directeurs de simples injonctions, en la forme administrative, pour les inviter à les faire exécuter.

Au contraire, si les travaux demandés ont un caractère d'urgence et sont importants pour garantir la sûreté publique pendant les représentations, alors le préfet de police prend un arrêté spécial qui prescrit aux directeurs de faire exécuter sur-le-champ les précautions signalées, sous peine de voir fermer leur théâtre, conformément à l'article 9 de l'arrêté du 1er germinal an VII.

Il arrive, au surplus, presque toujours, que ces sortes d'arrêtés reçoivent leur exécution. Des directeurs ont cependant résisté à ces décisions et se sont pourvus auprès du ministre de l'intérieur et même devant le conseil d'État, en annulation desdits arrêtés pour incompétence ou excès de pouvoir; mais ils ont été repoussés dans leurs prétentions, et les arrêtés du préfet ont reçu leur exécution par suite du principe que le conseil d'État n'est pas compétent pour statuer sur des matières de police et des règlements relatifs à la sûreté publique dans les théâtres.

Les visites périodiques, dont nous avons démontré la nécessité dans l'intérêt général, ont un caractère de légalité, puisqu'elles résultent des articles 19 et 20 de l'arrêté de police du 24 mars 1813, toujours en vigueur, concernant l'instruction et le service des sapeurs-pompiers dans les théâtres de la ville de Paris.

N° **40**. — La commission des théâtres près la préfecture de police doit aussi, à l'occasion du renouvellement de l'année théâtrale, à Pâques, se transporter dans les salles de spectacle pour reconnaître si des dispositions nouvelles y auraient été exécutées, et si elles nécessiteraient qu'on prescrivît des mesures dans l'intérêt de la sûreté ou de la salubrité publique.

Les directeurs sont obligés d'assister à cette visite accompagnés de l'architecte du théâtre. Les procès-verbaux, dressés en leur présence, doivent être signés par eux.

D'après le résultat de ces différentes visites, le préfet de police prend une décision pour ordonner les mesures dont la nécessité ou l'urgence a été constatée ; et les travaux que ce magistrat prescrit ne peuvent éprouver ni retard, ni interruption.

En cas d'inexécution, il est dressé procès-verbal et le théâtre peut être fermé jusqu'à ce qu'il offre toutes les garanties que l'autorité a le droit d'exiger dans l'intérêt de la sûreté publique.

Cette disposition résulte du principe rapporté précédemment.

N° **41**. — Les directeurs devraient être tenus d'adresser au préfet de police, à l'ouverture de l'année théâtrale, la liste nominative des acteurs et des actrices qu'ils auraient engagés, en lui donnant également avis de tous les changements ayant eu lieu dans le personnel.

Ils devraient aussi envoyer le catalogue des pièces et de celles mises à l'étude.

L'ordonnance royale du 8 décembre 1824 prescrit cette communication aux préfets des chefs-lieux. Pourquoi ne serait-elle pas faite au préfet de police, puisqu'elle peut avoir son but d'utilité? Cette formalité est d'ailleurs exigée par l'article 58 du décret de Moscou du 15 octobre 1812.

En effet, si un acteur refuse de jouer son rôle, le cours des représentations peut être suspendu. Alors le préfet de police appelle auprès de lui l'artiste et le directeur pour entendre leurs explications et régler la contestation.

La décision qui intervient reçoit son exécution provisoire, et les représentations doivent continuer dans le cas où le refus de l'acteur n'a pas paru fondé.

On peut ainsi interpréter le règlement théâtral d'avril 1807, qui, en cette circonstance, soumet l'acteur à la décision de l'autorité administrative.

N° 42. — Les directeurs sont placés sous la surveillance du préfet de police, pour ce qui intéresse l'ordre et la sûreté publique. Les rapports existant entre son administration et les directions théâtrales rendent souvent urgentes les communications.

Ces entrepreneurs doivent donc se rendre avec empressement aux invitations du préfet, soit pour donner des explications sur leurs exploitations; soit pour recevoir des instructions concernant l'ordre ou la sûreté publique.

Le principe qui précède a de l'analogie avec le titre XI de la loi des 16 et 24 août 1790 et avec l'arrêté des consuls du 12 messidor an VIII (article 12).

La surveillance que le préfet de police est chargé d'exercer sur les théâtres serait incomplète si les directeurs pouvaient se dispenser de se rendre aux invitations de ce magistrat par la raison qu'ils tiennent leurs priviléges de l'autorité, à moins que l'Assemblée nationale législative, appelée à se prononcer sur le régime auquel seront assujettis les théâtres, n'en décide autrement.

N° **43**. — Avant l'abrogation de la loi du 9 septembre 1835, sur la censure préalable des ouvrages dramatiques, par le décret du Gouvernement provisoire du 6 mars 1848, les directeurs étaient personnellement responsables des infractions qu'ils commettaient aux décisions de la commission de censure instituée au ministère de l'intérieur.

Ces infractions pouvaient entraîner la suppression de la pièce à laquelle elles se rattachaient, ou bien encore la fermeture provisoire du théâtre.

Aujourd'hui, sous le gouvernement de la République française, qui a proclamé la liberté indéfinie de la presse et de la pensée, l'autorité n'agit plus par voie de censure préventive, mais seulement par voie répressive, ce qui lui permet de suspendre une pièce en appuyant sa décision sur des motifs d ordre public.

Cette mesure s'est réalisée récemment au théâtre de la Porte-Saint-Martin par la défense faite au directeur de continuer les représentations de la pièce jouée sous le titre de *Rome*.

En effet, cet ouvrage dont quelques passages avaient trait à l'intervention de l'armée française en Italie, avait provoqué de graves désordres dans la salle et pouvait compromettre la sûreté des personnes, par suite d'une collision générale.

Il est incontestable que, si le directeur eût persisté à vouloir faire représenter cette pièce, l'autorité aurait eu le droit d'ordonner la clôture provisoire de son théâtre, sans recourir à la loi du 9 septembre 1835, maintenant abrogée, mais bien à celle des 16 et 24 août 1790, titre XI, et à l'arrêté du 12 messidor an VIII, en vertu desquels le préfet de police veille au maintien du bon ordre et à la sûreté des personnes dans les établissements publics dont il s'agit.

La circonstance ci-dessus rappelée nous suggère quelques réflexions tendant à démontrer qu'il est nécessaire de créer des inspecteurs de théâtres, dont la nomination appartiendrait à l'autorité supérieure. Leurs fonctions consisteraient dans l'examen et la mise en scène des ouvrages dramatiques.

Ces inspecteurs, dont l'utilité avait déjà été reconnue, depuis février 1848, sous le ministère Senard, auraient pour mission de signaler à l'autorité les passages des pièces qui leur paraîtraient dangereux pour l'ordre ou le gouvernement.

Ils devraient aussi assister aux répétitions générales, afin de s'assurer si les ouvrages contiendraient quelque chose d'hostile à l'autorité ou de contraire aux mœurs.

Une surveillance de cette nature ne nous paraîtrait, sous aucun rapport, avoir une assimilation avec la censure proprement dite, mais consister seulement en une simple inspection basée sur l'intérêt de l'ordre public, laquelle serait remplie par un délégué dont les connaissances offriraient à l'autorité supérieure toutes les garanties nécessaires.

Avant la Charte de 1830 et la Constitution de la République française de 1848, les lois préventives sur la liberté de la presse ne se sont point occupées des ouvrages dramatiques. On peut donc en conclure que ces sortes de productions et leur mise au jour sur la scène n'ont jamais été assimilées aux opinions et au droit de manifester la pensée, dont les constitutions ci-dessus rapportées permettent la libre publicité et l'impression sans censure préalable.

La création des inspecteurs de théâtres paraîtrait suffisamment autorisée par la législation théâtrale encore en vigueur.

En effet, par le décret du 17 frimaire an XIV, les commissaires généraux de la police des théâtres sont chargés, en ce qui concerne la représentation des ouvrages dramatiques, de se reporter à l'art. 14 du décret du 8 juin 1806, aux termes duquel aucune pièce ne pourra être jouée sans l'autorisation du ministre de la police, et à l'arrêté ministériel du 25 avril 1807, approuvé par un décret du 29 juillet 1807, dont l'article 6 porte que l'examen des pièces, dans les bureaux du ministre de l'intérieur, et l'approbation donnée à leur représentation ne dispenseront nullement les directeurs de recourir au ministère de la police, où les pièces devront être examinées sous d'autres rapports.

En présence de cette législation, toujours en vigueur, puisque le Gouvernement provisoire, par le décret de mars 1848, n'a rapporté explicitement que la loi du 9 septembre 1835, nous pensons que l'autorité supérieure devrait se maintenir dans le droit d'examen ci-dessus énoncé, sauf à donner une direction libérale aux productions dramatiques, sans pour cela sacrifier les intérêts de l'ordre et de la tranquillité publique.

On obtiendrait infailliblement un semblable résultat en chargeant les inspecteurs dont il s'agit de l'examen et de la mise en scène des ouvrages dramatiques.

L'Assemblée nationale constituante de 1848, reconnaissant l'utilité des inspecteurs de théâtres, en créa un pour les spectacles exploités dans Paris, et elle vota les fonds qui seraient alloués à la personne chargée de remplir cette mission.

Mais la même Assemblée, dans un but d'économie, refusa ensuite le traitement de cet inspecteur, ce qui motiva sa suppression.

Dans le gouvernement démocratique actuel, le principe de la nécessité absolue d'une inspection dramatique n'en subsiste pas moins.

Une nouvelle proposition sera sans doute faite à l'Assemblée législative pour le rétablissement des inspecteurs de théâtres, quand on s'explique combien les ouvrages dramatiques ont d'influence sur l'esprit public.

Dans le cas où l'on nommerait de nouveau des inspecteurs, ils ne devraient jamais se montrer contraires à la liberté littéraire dont les théâtres peuvent jouir. Leur mission serait de veiller à ce que les mœurs soient observées, en signalant à l'autorité les attaques et les offenses envers les personnes ou la reproduction de leur vie privée ou publique sur la scène, leur action devrait au surplus être restreinte et calculée de manière à protéger ces divers intérêts.

Les inspecteurs de théâtres devraient être choisis parmi des hommes éclairés, ayant à la fois le sentiment du goût et des convenances. En procédant ainsi, l'on agirait à l'exemple de l'Angleterre, où la censure dramatique s'exerce avec une rigueur favorable à la société et au pouvoir : de là, l'ordre parfait qui règne dans cette partie de l'administration anglaise.

Ces observations paraissent établir suffisamment les heureux effets qui résulteraient du mode de surveillance auquel seraient soumis les ouvrages dramatiques.

N° 44. — Les directeurs des théâtres de la capitale peuvent seuls faire afficher l'annonce de leurs spectacles dans l'enceinte de Paris.

Cet affichage a lieu par ordre d'ancienneté de privilége, c'est-à-dire que les affiches apposées habituellement sur les mêmes emplacements prennent rang entre elles en raison de cette priorité, règle qui s'observe pour les théâtres de premier et de second ordre.

Cependant une exception récente a été créée à l'égard du Théâtre-Historique, attendu le genre fixé par son privilège; bien que l'ouverture de ce théâtre ne date que de 1847, il a obtenu le droit de faire prendre rang à ses affiches immédiatement après celles des théâtres de premier ordre.

Il est expressément défendu aux entrepreneurs

des théâtres de la banlieue de faire afficher hors des limites assignées par leur privilége, et qui se bornent aux faubourgs de la capitale.

Les directeurs des théâtres de Paris sont tenus d'envoyer, chaque matin, à la préfecture de police, des exemplaires de leurs affiches du spectacle du jour, afin de mettre l'autorité à même de connaître l'annonce des premières représentations, de celles extraordinaires ou à bénéfice, et de régler sans retard les mesures d'ordre et de sûreté qu'elles exigent presque toujours, en raison de l'affluence qui s'y porte pour voir jouer les chefs-d'œuvre de la scène ou un nouvel ouvrage dont les principaux rôles sont confiés à des artistes de talent.

L'affichage des théâtres de la banlieue a fait l'objet d'une décision ministérielle du 17 février 1823, provoquée par de nombreuses réclamations des directeurs. Cette décision a été maintenue par un privilége accordé récemment pour une exploitation de ce genre.

Néanmoins, il est arrivé quelquefois, que les affiches des spectacles de la banlieue ont été apposées dans le centre de Paris, en regard de celles des théâtres de la capitale.

Cette mesure, au surplus, intéresse plus particulièrement les entreprises théâtrales que l'ordre public, et les contraventions résultant de son inobservation justifieraient au besoin les dommages-intérêts que les directeurs sont en droit de réclamer de l'entrepreneur privilégié des spectacles de la banlieue.

L'appréciation des dommages serait basée sur ce que les mêmes ouvrages, joués le même jour dans les théâtres intra et extra-muros, peuvent détourner des habitués en leur procurant le moyen d'assister à une représentation à des prix inférieurs à ceux des théâtres de la capitale.

Cette circonstance peut en outre, lors de la belle saison, rendre désertes les salles de spectacle situées dans Paris.

Au surplus l'autorité ne doit veiller à assurer l'interdiction, concernant ledit affichage, que pour éviter aux théâtres une concurrence nuisible, et protéger également les directeurs dans le cours de leurs exploitations respectives.

N° 45. — L'ordonnance de police du 30 mars 1844 ne permet de jouer dans les théâtres que les pièces annoncées par l'affiche du matin.

Toutefois, si l'indisposition subite d'un acteur nécessitait qu'on apportât des modifications dans la composition du spectacle, les directeurs ne doivent, en aucun cas, substituer à la pièce qui ne pourrait être jouée qu'un ouvrage de leur répertoire.

Ils sont tenus d'en donner avis au moyen d'une bande de papier blanc qu'on appose sur l'affiche, avant l'ouverture des portes de la salle au public, afin d'attirer son attention sur ce changement, qui, s'il n'était pas connu à l'avance, pourrait être le sujet de désordres pendant la représentation.

L'inobservation de cette formalité constitue une contravention entraînant une peine de simple police.

La mesure prescrite aux directeurs par l'ordonnance sus-datée n'a jamais donné lieu à des réclamations, et ils s'y conforment généralement.

N° **46**. — Le tumulte occasionné par l'affluence des personnes étrangères admises aux répétitions des ouvrages dramatiques étant un très grand obstacle à leur exécution, et pouvant encore compromettre la sûreté publique, le préfet de police se trouve dans l'obligation d'enjoindre aux directeurs de refuser l'entrée des répétitions au public invité à s'y rendre, et à n'y admettre que les personnes jugées indispensables pour diriger les acteurs et les éclairer de leurs conseils.

Cette défense est spécialement motivée sur l'article 12 de l'ordonnance du roi du 29 mars 1776, concernant l'organisation de l'Opéra, disposition maintenue par la loi du 19 janvier 1791, en vigueur.

Le commissaire de police sur le quartier duquel est situé le théâtre doit assister aux répétitions avec l'inspecteur nommé par le ministre de l'intérieur, l'un et l'autre étant appelés à se rendre compte si le costume, les gestes ou la danse d'un acteur, peuvent causer du scandale.

Ainsi les directeurs sont obligés d'avertir régulièrement, à l'avance, le fonctionnaire de l'ordre ci-dessus indiqué et l'inspecteur des théâtres, des jours et heures des répétitions, et de leur réserver une place convenable pour les premières représentations.

N° **47**. — Les fonctions d'inspecteur de la scène ne pourraient être convenablement exercées qu'autant qu'elles seraient remplies par des personnes qui auraient une grande expérience et posséderaient des connaissances en littérature.

Le service de ces inspecteurs a été réglé, à diverses époques, par des décisions ministérielles, en date des 21 mai 1824 et 4 juin 1828, auxquelles la loi du 9 septembre 1835 avait donné une extension plus rigoureuse sous le rapport de la censure préalable des ouvrages dramatiques et des divers modes préventifs adoptés par l'autorité supérieure à l'égard des auteurs et directeurs.

N° **48**. — Lorsqu'un acteur dont le nom a été placé sur les affiches du matin s'obstine, sans excuse légitime et sans avertissement préalable, à ne pas vouloir jouer au moment du spectacle, cet artiste demeure responsable des désordres qui sont la suite de son refus.

Dans ce cas, le préfet de police, après s'être fait rendre un compte exact des faits, peut, pour ne pas abandonner le sort des représentations à la merci de caprices individuels, interdire à l'acteur de reparaître sur la scène pendant un temps limité. Cette injonction a pour but de prévenir des manifestations bruyantes contre l'acteur qui ne manqueraient pas de se produire.

Une telle mesure administrative ne peut toutefois préjudicier en quoi que ce soit à l'action en dommages-intérêts que le directeur est en droit d'exercer contre l'artiste, en vertu de son engagement et des règlements particuliers qui spécifient les cas où l'artiste encourt une amende.

A l'occasion du fait ci-dessus rapporté, le préfet agit dans un intérêt d'ordre public et non par voie de juridiction.

Au reste, l'article 31 du règlement du 19 novembre 1714, relatif à l'Opéra, vient à l'appui de cette opinion en obligeant les acteurs à se trouver exactement aux représentations, sans pouvoir s'absenter, sous peine de 6 francs d'amende pour la première fois, de suppression d'un mois de leurs gages pour la deuxième, et d'être congédiés pour la troisième.

Ce règlement, qui n'a pas été rapporté, pourrait être invoqué aujourd'hui, ainsi que le décret du 19 janvier 1791, qui dispose que les anciennes ordonnances sur la police des spectacles doivent être exécutées provisoirement jusqu'à ce qu'il en ait été autrement ordonné.

Or, en ce qui touche le service des artistes dramatiques, pour assurer le cours régulier des représentations, il n'a pas été rendu, jusqu'à présent, d'ordonnance abrogeant expressément le règlement de police du 19 novembre 1714, dont le législateur de 1791 a maintenu l'exécution.

Si les maires de la ville de Paris, chargés de la police des théâtres, et, après eux, les préfets de police n'ont pas fait exécuter cette disposition de la loi de 1791 (du moins aucun document s'y rattachant n'existe dans les archives de ces administrations), c'est que les cas qui pouvaient en nécessiter l'application se sont présentés fort rarement, les artistes dramatiques montrant une grande déférence pour le public.

Ce qui paraît surtout avoir contribué à l'abandon du règlement de 1714, c'est la mesure qu'ont adoptée depuis très-longtemps les directeurs, et qui consiste à prendre des règlements intérieurs dans lesquels sont prévus les divers cas où un acteur fait manquer, par sa faute, le service de représentation.

Le principe posé par la loi du 19 janvier 1791 a en outre été confirmé par le règlement théâtral d'avril 1807, approuvé par l'Empereur. En effet, ce règlement autorise le préfet de police à intervenir, entre les directeurs et les acteurs, pour régler provisoirement toutes les contestations de nature à interrompre ou à arrêter le cours des représentations, sauf à saisir la justice ordinaire du fond de la question.

N° **49.** — S'il arrivait qu'un acteur manquât de respect au public, ou qu'il sortît de son rôle pour adresser la parole aux spectateurs, il s'ensuivrait inévitablement des troubles, et selon l'appréciation ou la gravité du fait par l'autorité, l'acteur ne devrait pas, s'il y avait lieu, reparaître en scène pendant un temps déterminé.

Il en serait de même si l'acteur se permettait de se livrer sur le théâtre à des gestes contraires à la morale et aux convenances publiques.

Dans ces circonstances et sur le vu des procès-verbaux et rapports des officiers de police, qui constatent ces sortes d'outrages, l'acteur est mandé devant le préfet de police pour y donner des explications, et, si elles ne sont pas satisfaisantes, ce magistrat prend, s'il le juge convenable, la décision ci-dessus énoncée, sauf à en référer au ministre de l'intérieur.

Le règlement de police de 1713, concernant l'Opéra, infligeait aux acteurs ayant commis des contraventions semblables des peines pécuniaires qu'il n'y a plus lieu de leur appliquer sous la législation actuelle.

L'article 5 dudit règlement dispose que, s'il arrive que quelques acteurs ou actrices de musique, de danse ou des symphonistes de l'orchestre troublent, par quelque rumeur, le bon ordre nécessaire pour le service du spectacle, ils seront imposés à une amende de six livres pour la première fois, et, en cas de récidive, congédiés sur-le-champ.

L'autorité, en substituant à ces pénalités une simple interdiction de la scène, agirait conformément au véritable esprit de la législation actuelle, et ferait en cela un acte de sage et bonne administration.

N° **50**. — Les acteurs ne doivent paraître sur la scène que pour y remplir les rôles dont ils sont chargés.

Ils ne doivent jamais adresser la parole aux spectateurs, ni se permettre des allocutions sous aucun prétexte, fût-ce même pour donner les explications qui leur seraient demandées, ou bien pour faire les excuses qu'on exigerait d'eux.

Le directeur ou le régisseur peuvent seuls être admis à faire les annonces nécessaires pour prévenir le désordre et donner satisfaction au public; mais, avant que ces sortes d'avis n'aient lieu, les directeurs doivent en avoir obtenu l'autorisation du commissaire de police de service, lequel est toujours appréciateur de la convenance et de l'opportunité des explications.

Ce motif d'ordre public découle des dispositions du règlement de 1713.

N° **51**. — S'il survient un changement dans la composition du spectacle ou une substitution d'acteur, ce qui est assez fréquent, le public doit en être informé avant l'ouverture des bureaux où l'on vend des billets.

Le moyen, en pareille circonstance, doit consister dans l'apposition d'une bande de papier de couleur tranchante sur les affiches qui sont habituellement placées à l'extérieur du théâtre.

Les directeurs ne doivent pas, sur la demande des spectateurs, remplacer un acteur par un autre. Il faut qu'une indisposition subite, suffisamment constatée, motive cette substitution.

Mais alors les administrations théâtrales sont tenues de rendre le prix des places aux personnes qui, s'étant présentées sur la foi de l'affiche du jour, ne voudraient pas accepter les propositions faites par les directions.

Les commissaires de police qui assistent aux représentations doivent veiller à la stricte exécution de ces dispositions.

C'est là incontestablement une mesure d'ordre rentrant dans les attributions du préfet de police. L'avertissement préalable est d'obligation, il importe que le public sache, en entrant dans un théâtre, quelles pièces ou quels acteurs il va entendre ; car ce sont les causes qui le déterminent souvent à se rendre plutôt à un spectacle qu'à un autre.

N° **52**. — Il arrive encore qu'un acteur, pour cause d'indisposition constatée par le médecin attaché au théâtre, ne peut jouer dans la représentation du soir. Il est alors de son devoir d'en faire, sans le moindre retard, la déclaration à son directeur et au commissaire de police du quartier sur lequel la salle est située.

Le public doit être instruit de cette déclaration avant l'ouverture des bureaux de recette établis aux entrées extérieures.

L'acteur qui ne se soumettrait pas à cette obligation serait responsable, envers l'autorité, du trouble occasionné, pendant la représentation, par le défaut d'avertissement préalable.

L'article 23 du règlement du 9 novembre 1714 porte qu'un acteur ne pourra se décharger de son rôle à moins de s'en être fait dispenser.

Il y aurait lieu, aujourd'hui, de soumettre les acteurs à cette mesure disciplinaire.

N° **53**. — D'après un arrêté du préfet de police, en date du 2 décembre 1824, provoqué par le ministre de l'intérieur, sur la demande des comédiens du Théâtre-Français, il fut interdit à tout acteur de reparaître sur la scène, sous quelque prétexte que ce puisse être, même selon le désir du public, hors des rôles qu'il remplirait dans les pièces dont se composerait le spectacle.

Cette défense était due probablement au caprice d'un acteur en vogue, qui avait voulu ainsi se soustraire aux nombreuses ovations dont il était l'objet, et qui devenaient pour lui fatigantes ou gênantes chaque fois qu'il jouait dans les chefs-d'œuvre qui ont illustré notre première scène dramatique.

Sous la révolution de Juillet 1830, le public a fait justice de cette mesure, et l'administration s'est montrée fort sage en la laissant tomber en désuétude.

L'arrêté de 1824 n'a donc plus aucune force, à la satisfaction des spectateurs, qui peuvent donner des marques d'approbation et d'encouragement aux acteurs qui montrent du talent.

Aussi, depuis juillet 1830, il n'est jamais arrivé que les commissaires de police aient opposé soit à un directeur, soit à un acteur, l'arrêté dont il s'agit. Si ce cas arrivait, un blâme général ne pourrait que s'attacher à une pareille mesure.

N° 54. — Une règle consacrée par l'usage, et résultant d'ailleurs d'une prohibition légale, dispose que les acteurs doivent s'abstenir de porter sur la scène les divers insignes de l'ordre national de la Légion d'honneur ou le costume de fonctionnaires publics, quels qu'ils soient, à moins que la nature de leurs rôles et la dignité des personnages qu'ils représentent ne les y obligent.

D'après une disposition du Code pénal et la jurisprudence des cours et tribunaux, le port du simple ruban de la Légion d'honneur, sans le brevet, est une infraction punissable de peines correctionnelles.

Toutefois avant l'abrogation de la loi de septembre 1835 par le décret du gouvernement provisoire, un acteur n'aurait pu être inquiété pour un fait de cette nature, s'il n'avait porté, sur la scène, que les insignes, le costume ou l'uniforme indiqués au manuscrit de la pièce visée au ministère de l'intérieur.

N° 55. — Il est nécessaire de veiller à ce que les représentations ne se prolongent pas inutilement : ainsi les acteurs doivent, par des moyens convenables, résister aux demandes des spectateurs tendant à leur faire répéter certains passages, vers ou couplets chantés par eux.

Une telle mesure est prise dans l'intérêt du bon ordre, parce qu'il arrive souvent que le bis demandé se trouve contesté par une partie du public.

Cette disposition, qui pourrait peut-être, au premier moment, paraître nuisible au succès d'un ouvrage dramatique, a donné lieu à une circulaire du préfet de police, en date du 26 février 1820, approuvée le 6 mars suivant par le directeur de la police générale.

N° **56.**—La législation impériale sur les théâtres, dont le premier décret est du 8 juin 1806 et le dernier de Moscou, du 15 octobre 1812, avait exigé, dans l'intérêt respectif des théâtres, que chacun d'eux serait sévèrement renfermé dans les limites du genre qui lui était assigné par son privilége.

Jusqu'à la révolution de Février 1848, l'administration a maintenu, avec succès, la distinction des genres, notamment en ce qui concerne le répertoire de la Comédie-Française qu'on a cherché à introduire sur des scènes secondaires.

La prospérité des directions théâtrales résulte non-seulement de l'exécution des décrets, mais encore d'une instruction du ministre de l'intérieur, en date du 3 novembre 1817, fondée sur l'art. 5 du décret du 8 juin 1806.

Le ministre, par sa lettre, insistait pour que les théâtres ne sortissent pas de leur genre, et recommandait au préfet de police de les y maintenir.

L'observation de cette mesure dépend maintenant bien plus des directeurs que de l'administration.

Depuis février 1848 les directeurs sont autant que possible restés dans la spécialité du genre qu'ils exploitaient avant cette époque, et dont ils avaient cherché à s'affranchir dans les premiers temps qui suivirent cette révolution.

Une innovation aussi nuisible à la prospérité des théâtres devait disparaître insensiblement. C'est ce qui est arrivé, en raison de l'intérêt qu'a chaque direction d'exploiter exclusivement le genre que son privilége lui assigne.

Il existe donc aujourd'hui une amélioration dans la classification des genres.

Cela est dû, malgré le régime de la liberté de la presse, à la persévérance que l'administration a mise à faire rentrer les directeurs dans les termes de leurs priviléges, dont ils s'étaient écartés, par suite de circonstances politiques.

N° 57. — En passant à l'analyse des nombreuses mesures d'ordre applicables aux théâtres, il convient de rapporter une consigne spéciale à chacun d'eux.

Cette consigne, qui est prise par le préfet de police, a pour objet de rendre libres les abords des salles, de faciliter la circulation des voitures, de régulariser l'entrée et la sortie du public et d'organiser le service de police suivant les localités.

Comme cette consigne n'est applicable qu'aux représentations ordinaires et qu'elle est d'ailleurs susceptible de subir des modifications suivant les cas et les saisons, le préfet, les jours de représentations extraordinaires et toutes les fois qu'il y a lieu de prévoir une affluence plus considérable que de coutume, peut, selon les exigences du moment et les besoins du service, augmenter le nombre des gardes de police et des sergents de ville qui ont droit à la rétribution d'usage.

Ce surcroît d'effectif est toujours à la charge des administrations théâtrales. A cet effet, il est enjoint aux directeurs de prévenir, à l'avance, des circonstances extraordinaires qui peuvent nécessiter une augmentation dans le service de police, afin qu'il soit assuré en temps utile.

Le droit donné au préfet de police pour l'établissement de ces sortes de consignes, la fixation du nombre de militaires qui doivent concourir à leur parfaite exécution, ainsi que la rétribution qui leur est due résultent de l'article 12 de l'arrêté des consuls du 12 messidor an VIII et en dernier lieu du décret de la commission exécutive du gouvernement du 9 juin 1848, qui a créé une garde républicaine, à Paris, appelée plus spécialement au service des théâtres.

N° 58. — En cas de troubles graves occasionnés par une représentation, il est de principe que tout spectacle où ils se sont manifestés doit être immédiatement fermé.

En conséquence, lorsque ces troubles, quelle qu'en puisse être la cause, prennent un caractère de gravité au point de compromettre sérieusement la sûreté des personnes, le préfet, sur les rapports qui lui sont adressés, a le droit (et c'est pour ce magistrat un devoir) de prononcer la fermeture provisoire du théâtre, sauf à rendre compte d'urgence au ministre de l'intérieur des motifs qui ont provoqué cette mesure.

Le commissaire de police de service au théâtre peut, en pareil cas, faire baisser le rideau et évacuer la salle, sauf à en instruire le préfet, dont il n'est que le délégué.

Cette mesure administrative et municipale tout à la fois, sous le rapport de l'exécution des lois et règlements de police, est indépendante des poursuites judiciaires et répressives dont les auteurs et provocateurs des désordres peuvent être l'objet.

Cette disposition, fondée sur la loi des 16 et 24 août 1790, titre XI, pourrait, au besoin, s'appuyer sur le dernier § de l'article 1er de l'arrêté du Directoire exécutif, en date du 26 pluviôse an IV, qui dispose que les officiers municipaux (à Paris le préfet de police) arrêteront la représentation de toutes les pièces par lesquelles l'ordre public aurait été troublé d'une manière quelconque; d'ailleurs, cette mesure extraordinaire, qui fut maintenue par un arrêté du gouvernement du 31 mars 1796, avait fait l'objet d'une disposition semblable dans la loi du 9 septembre 1835.

Il était dit dans cette loi que l'autorité pouvait toujours, pour des motifs d'ordre public, suspendre la représentation d'un ouvrage et ordonner la clôture provisoire d'un théâtre.

Sous le gouvernement actuel, plusieurs cas de désordres se sont présentés à l'occasion de premières représentations; mais l'autorité s'est bornée à défendre l'ouvrage, sans prononcer la clôture provisoire, respectant en cela l'industrie théâtrale exercée par le directeur, lequel ne peut souffrir du fait de l'auteur qui n'a pas été assez sage pour supprimer de son ouvrage les passages pouvant en compromettre le succès.

En résumé, la suspension de la représentation d'une pièce lorsqu'elle devient un sujet habituel de tumulte et de provocations paraît entièrement justifiée.

N° **59**. — D'après une ordonnance de police du 26 décembre 1832, en vigueur, les directeurs ne doivent, sous aucun prétexte, introduire qui que ce soit dans leurs salles (avant l'ouverture des bureaux) par des portes autres que celles destinées au public.

Les officiers de police de service aux théâtres sont tenus d'assurer l'exécution de cette interdiction, afin que les personnes qui se présentent pour jouir du spectacle ne trouvent pas la salle en partie occupée d'avance par des porteurs de billets de faveur ou autres, et n'aient point à adresser de vives et justes réclamations pour se faire livrer des places qu'elles ont payées, et qui ont été clandestinement envahies.

Ces entrées furtives ayant pour résultat de frustrer la perception du droit des indigents, recouvrement dont ne sont exempts que les billets de faveur délivrés sans fraude, ladite ordonnance autorise les commissaires de police à faire fermer toutes les portes de communication du théâtre à la salle, lorsqu'il y a eu introduction clandestine d'individus à l'intérieur des loges, et à faire sortir les personnes qui s'y trouvent à titre gratuit ou autrement.

Cette mesure d'ordre rentre évidemment dans les attributions du préfet de police, attendu qu'elle est motivée sur les dispositions de l'arrêté du gouvernement du 12 messidor an VIII, qui charge ce magistrat d'assurer, en ce qui le concerne, la perception des taxes légalement faites et publiées, et notamment celle du droit des indigents sur les recettes théâtrales.

C'est particulièrement sous ce rapport que l'ordonnance susdatée fut rendue sur les instantes réclamations du conseil général des hospices de Paris, stipulant dans l'intérêt de l'exacte perception du droit dont il s'agit.

N° **60**. — Les directeurs, aux époques où il y a

affluence dans les théâtres, doivent établir, sous la surveillance des agents de l'autorité, plusieurs bureaux de contrôle, afin de faciliter les entrées du public et de prévenir les désordres par suite de l'encombrement prolongé des portes et des abords des salles de spectacle.

Dans sa prévoyance, le préfet de police exige pareillement que toutes les portes et issues destinées au public s'ouvrent du dedans au dehors, pour qu'en cas d'incendie aucun obstacle ne s'oppose à la prompte évacuation de la salle.

N° **61**. — Il est essentiel que le prix des places destinées aux spectateurs soit fixé par le préfet de police, sur les propositions des directeurs. Les tarifs, à quelques exceptions près, doivent être maintenus, dans le but d'éviter des réclamations.

En conséquence, les ordonnances publiées à ce sujet défendent expressément aux directeurs d'augmenter le prix des places sans l'agrément du préfet, ou de convertir certaines places en stalles sans autorisation spéciale.

Du reste, ces changements doivent être indiqués sur les affiches du spectacle du jour. On évite ainsi des fixations arbitraires, ce qui arrivait presque toujours à des époques de l'année favorables aux entreprises théâtrales.

Les tarifs en question sont établis eu égard au

genre du spectacle, au confortable des places et aux ressources de chacun.

Le prix du parterre principalement doit subir le moins possible de variations, parce que c'est l'endroit où le public est en quelque sorte appelé à décider du sort des ouvrages dramatiques.

En agissant autrement, on éloignerait de forts bons juges pouvant contribuer au succès d'une pièce.

Cette observation concerne notamment le parterre du théâtre de la République, qui, de tout temps, fut le rendez-vous de la jeunesse studieuse et des personnes s'occupant de littérature. Ces mesures d'ordre se justifient d'elles-mêmes. Elles ont, en outre, été l'objet d'une ordonnance de police du 12 février 1828, mais avec moins de développements.

N° **62**. — Afin d'éviter des erreurs assez fréquentes, et de prévenir des réclamations qui en sont la suite, l'autorité enjoint aux directeurs d'indiquer, par une inscription mise sur la porte de chaque loge, le nombre de places qu'elle contient, après toutefois que ce nombre a été vérifié par la commission des théâtres, et qu'il a été dressé procès-verbal du jaugeage établissant la quantité de places dans les salles de spectacle.

Cette règle a pour résultat d'empêcher qu'on ne délivre un nombre d'entrées excédant la capacité réelle des salles, circonstance qui, lorsqu'elle se présente, occasionne souvent des désordres nuisibles aux représentations.

Les directeurs sont aussi dans l'obligation de faire placer des numéros pour distinguer les places disposées en stalles, soit à l'orchestre, soit aux galeries et aux balcons. Ces numéros doivent être reproduits sur les billets afin d'éviter toute contestation au sujet de l'occupation de ces sortes de places.

Par ce moyen on prévient des débats animés pouvant nuire à la tranquillité si désirable à l'intérieur des théâtres.

Il est donc expressément recommandé aux commissaires de police de service aux représentations de veiller à ce qu'il ne soit pas distribué plus de billets que la salle ne peut contenir de personnes, ni posé sur la porte des loges des inscriptions indiquant un nombre de places supérieur à leur capacité.

Ces dispositions ont été rendues obligatoires par l'ordonnance de police du 12 février 1828.

Lorsque le préfet de police visita et reçut le théâtre de l'Opéra-Comique, construit sur l'emplacement de l'ancienne salle Favart, il fut fait une rigoureuse application de l'ordonnance ci-dessus visée.

A cet effet un procès-verbal du jaugeage de toutes les places fut dressé contradictoirement avec le directeur et l'architecte du théâtre, avant l'ouverture de la salle, qui eut lieu le 16 mai 1840.

En procédant à cette vérification, on eut soin de n'admettre que le nombre de places que pouvaient contenir les loges, on en refusa qui avaient un excédant d'indiqué, et plusieurs loges du cintre ne furent point acceptées, en raison de leur mauvaise disposition, qui ne permettait pas de voir la scène et pouvait favoriser des désordres.

Si des contestations survenaient relativement à l'occupation des loges dont il s'agit, et qu'elles portassent soit sur leur capacité, soit sur leur interdiction, les spectateurs auraient le droit d'exiger l'exhibition du procès-verbal de jaugeage, dont un double est déposé au bureau de police du théâtre, pour être consulté au besoin et servir à régler les réclamations.

Le préfet a reconnu également la nécessité, en vue du maintien de l'ordre, de rendre une ordonnance, à la date du 30 mars 1844, qui oblige tout directeur à faire remettre, chaque jour de représentation, avant l'ouverture des bureaux au public, un double de la feuille de location, aux officiers de police, afin que, dans le cas où des loges et stalles seraient envahies, et où l'on en refuserait l'occupation, sous prétexte qu'elles seraient louées par l'administration théâtrale, on pût s'adresser à eux pour régler les différends.

Cette mesure a produit le meilleur effet. Il est fort rare maintenant de voir se renouveler de semblables discussions, certain d'avance qu'il existe un moyen de se faire rendre justice.

La même ordonnance défend pareillement de louer les places qui resteraient libres aussitôt après l'ouverture de la salle. Le droit de location expire à ce moment, et toute personne en payant sa place peut se la faire livrer. Le directeur soutiendrait en vain que la place ou la loge a été louée avant l'ouverture de la salle, et il ne saurait être écouté dans sa déclaration si de l'examen de la feuille de location que possède l'officier de police il résultait que la place n'y fût pas inscrite sous le nom d'un locataire.

Cette ordonnance a voulu remédier à d'autres abus causant continuellement des désordres à l'intérieur des théâtres, et donnant lieu à de légitimes réclamations. En conséquence, elle a interdit aux directeurs la faculté :

1° De changer arbitrairement la destination des places composant habituellement le parterre;

2° D'élever le prix des places au delà de celui fixé par le tarif spécial à chaque théâtre;

3° De délivrer des billets désignant diverses places au choix du porteur du coupon;

4° D'annoncer les changements apportés dans la composition du spectacle du jour, par des affiches qui ne provoqueraient pas suffisamment l'attention du public avant son entrée dans les théâtres.

N° 63. — Le maintien du bon ordre exige encore que les personnes ayant loué des stalles ou des loges, avant l'ouverture des portes de la salle, n'éprouvent aucun obstacle dans l'occupation et la paisible jouissance de leurs places.

Dans ce cas, les directeurs sont tenus de veiller, par l'intermédiaire de leurs contrôleurs, à ce que, en l'absence des locataires, personne ne puisse s'y placer, y être introduit par erreur ou autrement.

S'il s'élève des réclamations à ce sujet, l'intervention du commissaire de police peut être demandée. Elle doit avoir pour but d'éviter que les personnes qui seraient entrées en contestation pour la possession de places ne puissent interrompre la représentation.

Il est nécessaire que ces personnes soient invitées à se rendre au bureau de police, pour y donner des explications en présence des contrôleurs du théâtre.

Si l'occupation irrégulière de la place ou de la loge louée a eu lieu par la faute de l'ouvreuse ou du contrôleur des entrées, ou bien s'il y a quelque présomption de fraude de leur part, alors il est du devoir du commissaire de police de dresser, soit d'office, soit sur demande, procès-verbal des faits, pour y être donné telle suite convenable.

La direction théâtrale, en pareille circonstance, ne peut se refuser à restituer le prix des places aux personnes qu'elle n'aurait pu maintenir en possession de celles qu'elles avaient prises au bureau.

Il ne résulte pas toujours que la personne lésée se contente de la remise du prix de sa place, car mainte fois le tribunal de commerce a condamné les directeurs à payer des dommages-intérêts, pour avoir privé un citoyen du spectacle sur lequel il comptait.

Ces dommages sont ordinairement basés sur la mauvaise administration du directeur ou le défaut de surveillance qu'exige la livraison des coupons de loges ou des stalles louées.

Les tribunaux ont pour jurisprudence de fixer ces indemnités de 50 à 100 francs en faveur des particuliers qui les réclament.

Elles ont été accordées à des personnes qui, ayant acheté des billets un peu avant le lever du rideau de la scène, n'ont pu, une fois entrées dans la salle, se placer à la stalle ou dans la loge désignée par leur coupon.

L'offre de la restitution du prix de la place ou d'une autre place équivalente ne suffirait pas pour soustraire le directeur à des dommages-intérêts. Telle a été la décision des tribunaux.

Plusieurs fois on a fait application aux directeurs de cette jurisprudence, entre autres à ceux de l'Opéra et du Gymnase-Dramatique, qui n'avaient pu livrer des places vendues aux bureaux de l'extérieur.

Lorsque des plaintes de cette nature sont adressées au préfet de police, ce magistrat mande auprès de lui les directeurs pour se faire rendre compte des faits, et s'il résulte des renseignements fournis par eux qu'ils n'avaient pas eu le droit de refuser les places louées ou achetées dont l'occupation était réclamée, alors ils sont invités à terminer à l'amiable ces sortes de différends, ce qui arrive presque toujours.

Le directeur du Vaudeville, s'étant placé dans un cas identique, fut tenu, sur une décision du préfet, de restituer la totalité du prix d'une loge qu'il n'avait pu livrer.

Cette restitution avait cela de particulier, qu'elle était demandée par un négociant n'ayant pas voulu accepter en échange de sa loge deux places dans une autre loge, ni laisser mettre l'une de ses filles dans une partie de la salle éloignée de la loge qu'on lui offrait.

Ces divers cas établissent incontestablement que le préfet devient le protecteur naturel des citoyens, et qu'il est appelé, en quelque sorte, à garantir la jouissance des places qu'ils ont payées; mais son intervention ne doit avoir lieu que si l'ordre public a été troublé par des discussions de ce genre ou bien s'il s'agit de faire exécuter la prescription de l'ordonnance de police du 12 février 1828, portant que les entrepreneurs de spectacles ne peuvent faire distribuer un nombre de billets excédant celui que leurs salles peuvent contenir, ni inscrire sur la porte des loges un nombre de places supérieur à leur capacité.

N° **64**. — Si des bruits ou tapages injurieux avaient lieu dans les salles avant et pendant la représentation, et que leur cause fût le résultat d'une distribution de billetsexcédants le nombre de places disponibles, ou qu'elle provînt de la négligence à conserver vacantes les loges et stalles prises à l'avance et portées sur la feuille de location, on ne met pas en doute que les directeurs resteraient responsables de tels désordres envers l'autorité compétente chargée de les réprimer.

En pareille circonstance le commissaire de police doit verbaliser.

Dans l'espèce il paraît impossible de soutenir qu'un directeur ne soit pas responsable du fait de ses préposés, ayant agi pour l'exécution de ses ordres (article 1384 du Code civil).

Or, s'il arrivait que, par suite d'erreur, de négligence ou de quelque acte de mauvaise foi de la part d'un employé chargé de l'émission des billets d'entrée, la tranquillité publique ou l'ordre du spectacle fût troublé, il pourrait être fait au directeur application des peines portées aux articles 479 et 480 du Code pénal.

Quand on a loué à l'avance une loge et que l'ouvreuse y laisse s'introduire quelqu'un d'étranger, alors le porteur du coupon, lorsqu'il se présente pour occuper ses places, cherche souvent dispute à la personne qui s'y trouve, le parterre se mêle de la querelle et l'ordre public est troublé; où est le coupable? c'est évidemment l'ouvreuse dont le directeur est responsable devant la loi.

Le préfet de police a adressé, à la date du 16 décembre 1828, une instruction dans ce sens aux directeurs de théâ res.

N° **65**.—Il était également important de défendre expressément la vente des billets de spectacle aux abords, aux portes des théâtres et hors des bureaux de distribution. Une ordonnance de police, publiée le 22 novembre 1838, a p: ohibé ce trafic comme étant nuisible à la circulation, à l'ordre et à la régularité des entrées.

Afin de faire cesser ce trafic, qui se renouvelle sans cesse, et de réformer les abus de tout genre dont il est la source, il serait à désirer qu'un règlement de police assujettît les directeurs à remplacer, à l'avenir, par des listes d'entrée personnelles, les billets qu'ils sont dans l'usage de délivrer aux auteurs, compositeurs, décorateurs, artistes dramatiques, musiciens, employés et autres personnes jouissant, à un titre quelconque, d'un droit d'entrée gratuite lors des représentations.

Cette mesure paraît facile dans son exécution; il

suffirait d'établir à chaque théâtre un bureau de contrôle particulier où seraient reçues les personnes ayant droit à leurs entrées et qui en justifieraient.

Chaque jour de représentation un double de la liste des entrées personnelles serait remis au contrôleur des hospices, pour lui en faire connaître exactement le nombre, y compris celles stipulées par les auteurs.

L'adoption d'un tel mode mettrait ce contrôleur dans la possibilité d'exercer sa perception sur toutes les entrées payantes, ce qui ferait disparaître la confusion de ces billets avec ceux délivrés gratuitement.

L'autorité simplifierait ainsi le contrôle du droit des pauvres et préviendrait des discussions auxquelles il donne lieu pour soustraire un grand nombre d'entrées imposées, et que l'on cherche à présenter comme des billets de faveur, bien qu'ils aient été vendus pour le compte des directions théâtrales.

Si les billets de faveur donnant entrée aux représentations ne sont pas frappés du droit des indigents, ce n'est qu'à la condition qu'ils auront été émis gratuitement et sans fraude, ainsi que l'a décidé le conseil d'État par un avis du mois d'août 1831.

Cependant les dispositions précédentes ne pourraient être applicables aux billets de service délivrés au préfet de police pour les représentations, ce magistrat ayant le droit de les imposer aux directeurs, pour faciliter, soit par lui-même, soit par ses préposés, la surveillance qui lui est confiée par la loi.

Ce droit est incontestable; il résulte de l'article 17 du règlement ministériel en date du 25 avril 1807, approuvé par l'Empereur le 29 juillet de la même année. Ce règlement porte « que l'autorité n'exigera » d'entrées gratuites des entrepreneurs de spectacle » que pour le nombre d'individus jugés indispensables » au maintien de l'ordre et de la sûreté publique. »

Il suit de ce principe que les directeurs sont obligés de désigner une loge à l'année au préfet de police. Un arrêté du conseil général des hospices de la ville de Paris du 5 novembre 1829 a exempté cette loge de la taxe des pauvres.

Cependant, en 1832, lors de l'invasion du choléra, il fut dérogé à cette exemption par le libre arbitre de ce magistrat.

A cette époque, première apparition du fléau, le public ayant abandonné les théâtres, il était équitable d'augmenter les ressources des directeurs. Le préfet décida donc que sa loge serait imposée à 1 franc par place. C'est cette rétribution qu'on a perçue abusivement depuis, sous la dénomination de droit des pauvres, en en faisant recette pour le compte des entreprises, sauf le prélèvement d'un décime sur chaque place pour les hospices.

Cette rétribution se perçoit encore, dans les théâtres, malgré la disparition de l'épidémie, mais elle n'est maintenue que pour les spectacles exploités en 1832.

A l'égard des salles construites depuis cette époque, le retour du choléra, en 1849, n'a rien changé à l'état de choses ci-dessus indiqué ; cela est dû à ce que les théâtres furent assez suivis pendant la durée de la seconde invasion du fléau.

S'il en eût été autrement, on eût vu les directeurs des nouvelles salles réclamer le bénéfice de la décision de 1832, qui a imposé les places de la loge du préfet, ce qu'ils n'ont pas fait.

Cette mesure est donc restée stationnaire, et jusqu'à présent la perception s'est faite régulièrement.

Bien que cette rétribution ne puisse se justifier, le coupon qui la supporte n'étant imposé que dans un intérêt d'ordre et de service publics, les préfets qui se sont succédé depuis ladite année n'ont pourtant pas jugé convenable de la supprimer.

Cette détermination peut s'expliquer par la crainte sans doute de priver les directeurs d'un revenu annuel d'environ 1,500 francs que cette rétribution leur produit.

Toujours est-il qu'à part l'intérêt que l'autorité porte en cette circonstance aux théâtres exploités depuis 1832, on remarquera qu'il existe une espèce d'anomalie entre le fait d'une telle perception et le droit donné par la loi d'occuper une loge, dans l'unique but d'y remplir un service basé sur le règlement d'administration publique en date du 25 avril 1807.

Il ressort de ces observations que les directions qui ne perçoivent pas le droit en question sont celles qui n'existaient pas en 1832, telles que : Beaumarchais, Saint-Marcel, Historique.

Quant aux théâtres de premier ordre, ils n'ont jamais voulu recevoir aucun droit sur la loge du préfet, malgré sa décision ci-dessus rappelée.

La direction de l'Opéra-Comique est la seule qui exigea de tout temps la rétribution dont il s'agit, quoique touchant une subvention de l'État.

Au n° 65 de cet ouvrage nous avons déjà démontré l'avantage qu'il y aurait à substituer aux billets de faveur des entrées nominatives.

Il convient toutefois d'ajouter quelques nouveaux développements pour en établir la nécessité.

Un arrêté de police devrait donc intervenir à cet égard, et imposer aux directeurs l'obligation de dresser une liste des entrées de faveur qu'ils accorderaient, afin d'éviter la distribution de ces sortes de billets, qui alimente le trafic illicite prohibé par les règlements.

L'article 27 de l'arrêté des consuls du 12 messidor an VIII viendrait au besoin appuyer cette mesure, puisqu'il charge le préfet de police de faire observer les taxes légalement établies, notamment le droit des pauvres sur les recettes théâtrales, lequel est compromis par l'émission habituelle des billets de faveur ou de toute autre espèce.

Ce moyen aurait pour résultat de protéger la circulation aux abords des spectacles et de soustraire le public à des escroqueries dont il est souvent la dupe de la part des marchands de billets, qui le rançonnent suivant la vogue des ouvrages dramatiques, et lui vendent des places parfois occupées.

Cette dernière circonstance devient ordinairement une cause de trouble, qui interrompt la représentation.

En adoptant le nouveau mode proposé pour l'admission des spectateurs dans les théâtres, on ne nuirait pas à la location des loges dont le coupon acheté à l'avance fait rarement l'objet d'un trafic sur la voie publique.

Ce sont les billets des autres places qui lui servent de principal aliment en exerçant à l'aide du racolage, qui force en quelque sorte les personnes à les acheter à des individus qui se les sont procurés soit à prix d'argent, soit à titre d'entrée de faveur.

Au surplus, la mesure dont il s'agit paraît possible et légale, puisqu'elle a déjà été prise par l'ordonnance royale du 29 mars 1776, concernant l'Opéra.

Cette ordonnance avait voulu réprimer les abus qui, s'étant introduits successivement dans les entrées, nuisaient autant à la recette qu'à la police du spectacle.

Elle dispose que les billets d'entrées gratuites sont personnels, et ne peuvent être prêtés à d'autres, et que nulle personne n'entrera à l'Opéra sans payer, à moins qu'elle ne soit inscrite sur l'état desdites entrées, qui aura été arrêté par les ordres de l'autorité.

Un arrêté du conseil du 13 mars 1784, relatif à ce théâtre, contient également aux articles 14 et 18 des dispositions analogues à l'effet de réprimer les abus résultant des billets gratuits.

En présence de cette législation, que la loi des 13 et 19 janvier 1791 a maintenue, il semblerait que les dispositions particulières à l'Opéra pussent être appliquées aux directions théâtrales en cours d'exploitation.

Il suffirait, dans l'intérêt de l'ordre public et de l'exacte perception du droit des indigents, de publier une ordonnance de police qui réglementât les entrées personnelles, ou bien d'en faire une condition dans les autorisations renouvelées ou accordées aux directeurs de théâtres.

Si l'administration municipale, dont les théâtres relèvent, ne prenait pas des mesures dans ce sens, il serait à craindre que les abus résultant du trafic des billets ne vinssent à triompher des efforts que font les agents de l'autorité pour arriver à sa répression.

L'ordonnance proposée ferait en outre disparaître les marchands de billets et les cabaleurs à gages qui s'introduisent aux parterres, à la faveur de billets donnés ou vendus à vil prix, et qui tiennent dans une dépendance absolue les acteurs, les auteurs et le public.

Un autre avantage serait encore de rendre les théâtres accessibles à la société honnête et paisible.

Il n'y aura jamais de tranquillité dans les spectacles, ni de dignité pour la scène, tant que le public n'arrivera pas facilement aux bureaux de la vente des billets, qu'il ne jouira pas de la liberté de ses suffrages, et que les auteurs dans leurs productions, les acteurs dans leur jeu, ne seront plus asservis à des individus servant les passions, excitant les jalousies et secondant les calculs secrets de l'intérêt et de l'amour-propre.

Un genre d'abus non moins préjudiciable au public paraît devoir être signalé. Il provient de l'habitude qu'ont les directeurs, lorsqu'une pièce est en vogue, de faire distribuer, pour certaines places, un nombre de billets excédant celui des personnes qu'elles peuvent contenir, ce qui met les porteurs dans la nécessité de prendre des coupons de supplément pour d'autres places d'un prix plus élevé, circonstance qui les décident quelquefois à quitter le théâtre et à réclamer la restitution de l'argent qu'ils ont déboursé.

Cette détermination, suivie de débats passionnés, a souvent donné lieu à des désordres entre les particuliers et les contrôleurs, et apporté des obstacles au libre accès des entrées et des sorties.

Par ces considérations, il importerait qu'on prît des mesures pour remédier à ce grave inconvénient.

Il serait également convenable que l'autorité fît enjoindre aux directeurs de refuser des entrées ou billets de faveur pour le parterre lors des premières représentations, et d'en priver les auteurs.

En effet, le parterre est la place du véritable public, car il y siége comme juge, en vertu du droit qu'il a acheté en entrant.

Tout esprit éclairé conviendra que c'est à son entier usage que la scène dramatique doit, depuis deux siècles, le lustre de sa littérature, et le public son indépendance.

Ce droit, qui fut respecté jusqu'aux temps de désordres, cesserait d'exister si on pouvait l'acheter ailleurs qu'aux bureaux du théâtre, en se servant de billets qui vous sont offerts par des marchands en faisant le trafic.

Il est évident qu'un règlement de police portant qu'il ne sera admis aux parterres que les personnes ayant pris leurs places aux bureaux réaliserait une amélioration sensible dans la composition des théâtres.

Il priverait surtout les individus qui asservissent à leur spéculation les productions des gens de lettres du monopole dont une inexcusable condescendance de la part des auteurs et des directeurs les a fait jouir jusqu'à présent.

Il est à remarquer que les marchands de billets exercent un empire despotique sur les directions, et que nombre d'auteurs et d'artistes dramatiques n'attendent que le moment où l'autorité viendra les soustraire à la servitude dont il ne leur est plus possible de s'affranchir eux-mêmes.

Lorsque ces marchands ne pourront plus recevoir à l'avance un tribut de billets, et qu'il faudra, pour entrer dans un théâtre, avoir pris, l'argent à la main, son coupon au bureau, les cabaleurs n'auront plus la facilité de se concerter, et leurs chefs auront inutilement des lieux de rendez-vous pour y répartir des billets et commander l'emploi qu'il en faut faire.

Le jour où les entrées de faveur aux représentations résulteront de listes nominatives, le trafic des billets deviendra extrêmement difficile, la surveillance de l'autorité moins embarrassée, ce qui permettra de saisir en flagrant délit les individus tentant de s'y livrer encore.

Alors la police administrative, exerçant son action pour le maintien de l'ordre public, pourra répondre de l'efficacité des instructions qu'elle aura données pour empêcher qu'on ne transgresse impunément ses règlements.

Sans l'adoption des règles proposées, notamment de celle qui tend à rendre le parterre au public payant sa place au bureau du théâtre, on peut désespérer d'un changement dans l'état de choses actuel, parce qu'il faut reconnaître que la répression du trafic des billets ne suffit pas pour obtenir des améliorations auxquelles le préfet de police se trouvera dans la nécessité de recourir un jour.

N° **66**. — L'autorité chargée de la police des salles de spectacle a depuis longtemps reconnu que l'introduction du public sur la scène, dans les coulisses et autres parties du théâtre, lors des représentations, gênait le service et nuisait à la manœuvre des machines et des décorations.

Il en est de même de la présence d'étrangers imprudents ou malintentionnés pouvant causer des accidents et compromettre la sûreté publique.

Dans le but de parer à cet inconvénient, le préfet prit, le 12 février 1828, une ordonnance qui défendit à toute personne étrangère au service du spectacle d'entrer dans les coulisses, sur la scène, dans les foyers particuliers, les loges des artistes, dans les cintres et les dessous pendant les représentations ou les entr'actes.

C'est pour la stricte exécution de cette mesure qu'il est enjoint à tout directeur de faire fermer exactement, pendant la durée du spectacle, les portes de communication de la salle au théâtre, sous peine d'un procès-verbal de contravention.

Le préfet de police a cependant cru devoir déroger à la règle précitée en ne comprenant pas dans les personnes exclues de la scène les auteurs, compositeurs ou décorateurs dont l'ouvrage est en répétition ou se joue.

Récemment, à l'Opéra, il a été fait application de ladite mesure. Elle n'a été, du reste, pour ce théâtré, que l'exécution d'un règlement de police qui lui est spécial.

En effet, l'arrêt du conseil du 27 février 1778 renouvelle, par son article 17, les défenses portées aux ordonnances des 13 avril 1774 et 29 mars 1776, disposant que toute personne, de quelque condition qu'elle soit, ne pourra entrer dans le théâtre ou foyer qui y est attenant, ni dans les loges des acteurs avant et pendant la durée des représentations et répétitions, voulant qu'il ne s'y trouve que les personnes absolument nécessaires au service du spectacle.

Au surplus, les dispositions de l'ordonnance de police du 12 février 1828, contient cette interdiction beaucoup trop négligée aujourd'hui dans les théâtres secondaires.

Il est facile de pressentir les graves inconvénients pouvant résulter de l'introduction de personnes étrangères aux représentations, lesquelles se placent habituellement dans l'intérieur de l'enceinte réservée aux auteurs, aux acteurs, aux machinistes, gênent la circulation, la mise en mouvement des décorations et compromettent ainsi jusqu'à la sûreté des personnes indispensables au service de la scène.

Leur présence, en cas de feu, serait un obstacle de plus à l'approche des secours.

Comment répondre, en effet, de l'efficacité des précautions prises pour prévenir l'incendie ou en arrêter les progrès, lorsqu'un théâtre est en quelque sorte livré à la discrétion d'individus dont la malveillance ou la simple imprudence peut causer les plus grands malheurs?

On comprendra qu'il serait difficile de diriger utilement les secours au milieu de l'encombrement et de la confusion occasionnés par ces étrangers, notamment dans les théâtres consacrés aux pièces à grand spectacle qui exigent un développement considérable de machines, de décorations, et dans lesquelles on fait un usage fréquent de pièces d'artifice ou d'autres matières inflammables.

Aux motifs qui réclament l'éloignement des personnes étrangères au service de la scène, il en est un qui n'est pas sans importance, c'est que leur présence parmi les actrices peut donner lieu à des actes contraires à la morale publique, et, sous ce dernier rapport, leur expulsion paraîtra suffisamment justifiée.

En pareil cas, les commissaires de police ne sauraient trop étendre leur surveillance sur la scène, afin d'en interdire l'accès au public, et s'assurer pendant le cours de la représentation, et surtout des entr'act s, si les coulisses, le théâtre et tout ce qui en dépend sont exclusivement réservés aux artistes, aux machinistes, aux employés, aux auteurs et compositeurs dont l'ouvrage fait partie de la représentation du jour, ainsi qu'aux sapeurs-pompiers de service.

N° **67**. — L'ordonnance de police du 12 février 1828 défend pareillement aux spectateurs d'entrer aux parterres et aux amphithéâtres avec des armes, des cannes et des parapluies.

Toutefois cette interdiction n'est plus applicable aux officiers, d'après une circulaire du préfet de police, du 17 février 1845, qui dispose que le port de l'arme devant accompagner toujours l'épaulette, tout officier revêtu de son uniforme peut entrer avec son épée dans les théâtres.

Pour l'observation de cette ordonnance il est enjoint aux directeurs de faire établir à chaque théâtre un bureau particulier, où ces objets sont déposés.

Les arrêtés concernant la construction des salles de spectacle prescrivent expressément de faire disposer ces bureaux de manière à ne pas gêner le passage du public à son entrée ou à sa sortie.

Le dépôt dont il s'agit n'est exigible que des spectateurs qui se rendent aux places spécifiées ci-dessus, parce que là le public se groupe, se presse, y fait masse et qu'il devient plus difficile à contenir, en cas de désordres, qu'on ne peut parfois apaiser qu'en faisant évacuer la salle.

Par cette mesure, la force armée ne se trouve plus, comme on l'a vu quelquefois, exposée à des violences de la part des spectateurs qui étaient toujours disposés à faire usage de leurs cannes, se persuadant qu'on exerçait contre eux un acte arbitraire.

Sous la Restauration, à l'occasion de la première représentation de *Germanicus*, au Théâtre-Français, on fut dans la nécessité de prescrire le dépôt des cannes à l'entrée des théâtres.

Les personnes qui y assistèrent se rappelleront le tumulte extrême et la contention générale qui eurent lieu par suite des allusions politiques que l'ouvrage contenait.

Des désordres graves éclatèrent dans le parterre et gagnèrent les loges, si bien que l'autorité ne put s'en rendre maîtresse qu'en introduisant la force armée dans la salle afin d'en expulser le public.

En cette circonstance, les journaux de l'époque rapportent qu'une collision s'engagea entre la force armée et les spectateurs, qui firent usage des cannes qu'ils avaient en leur possession.

A la suite de ce fait, certaine classe de personnes ne porta plus que des cannes dites à la Germanicus, lesquelles étaient d'une grosseur remarquable.

Mais au bout de quelque temps, ces objets de mode, adoptés plus particulièrement par la jeunesse des écoles, disparurent avec les circonstances qui les avaient produits, et l'on abandonna ce signe belliqueux pour ne plus porter, comme à présent, que des cannes de luxe et du meilleur goût.

Depuis la disposition de l'ordonnance de police citée précédemment, on n'a pas eu à déplorer la moindre collision, encore bien qu'elle ne soit pas applicable aux spectateurs qui occupent les autres parties des salles.

Ces derniers peuvent conserver leurs cannes à l'intérieur d'un théâtre, parce que la plupart, en raison de la richesse de leur ciselure, sont plutôt des objets d'art que des moyens d'attaque ou de défense en cas d'événement.

D'après ladite ordonnance, l'établissement de ces sortes de bureaux et leur service, par un préposé à la nomination du directeur, deviennent une charge inhérente aux entreprises dramatiques.

L'usage de ces vestiaires est tout à l'avantage du spectateur, auquel on n'a pas voulu refuser son entrée au théâtre à cause du port d'une canne, d'une arme ou d'un parapluie.

Aujourd'hui, les directeurs, au lieu de mettre gratuitement le bureau du dépôt des cannes à la disposition du public, en ont fait une spéculation en exigeant une rétribution perçue par des personnes auxquelles ils afferment ce nouveau genre de revenu.

Cette perception existait dans les théâtres avant le tarif qui l'a réglée. La location annuelle de ce bureau, qui s'élevait au moins à 4,000 francs pour certains spectacles, donnait nécessairement naissance à une foule d'exactions envers le public. En effet, on a exigé jusqu'à 50 et 60 centimes pour chaque objet déposé.

Des plaintes étant parvenues à ce sujet, le préfet s'occupa d'examiner si les directeurs ou les fermiers qui les représentaient avaient le droit de spéculer sur une mesure de police.

On se demanda si ce dépôt ne devait pas être essentiellement gratuit ou bien si la rétribution devait être laissée à la volonté du public?

En 1839, un projet d'ordonnance réglementa cette perception. Toutefois, avant de le mettre en vigueur, la commission consultative, instituée près la préfecture de police, fut chargée d'en apprécier la légalité et l'opportunité.

Dans la discussion à laquelle ce projet donna lieu, on s'appuyait notamment sur le règlement applicable à la Bourse, duquel il résultait que la rétribution perçue pour le dépôt des cannes, armes et parapluies, à l'entrée de ce monument, étant volontaire, il devait en être de même au spectacle.

Un membre de la commission combattit cette assimilation, prétendant que les règlements sur les opérations qui se font à la Bourse obligeaient les citoyens à s'y rendre pour y négocier les effets publics, que conséquemment n'ayant pas la possibilité pour ces affaires de se réunir en tout autre lieu, il était convenable qu'on ne leur imposât pas une rétribution pour les objets qu'ils étaient tenus de déposer sous le péristyle.

On objectait, en outre, que dans un théâtre il n'en pouvait être ainsi, les citoyens n'étant pas obligés d'y aller.

En effet, une personne qui se rend dans ce genre d'établissement ne se propose qu'un but de plaisir, dont elle est parfaitement libre de se priver.

Mais, lorsque les citoyens en usent, il faut qu'ils se soumettent à la règle du dépôt. Aussi soutenait-on au sein de ladite commission que, dans l'espèce, il y avait service rendu au spectateur en se chargeant de l'objet qui lui appartenait.

Or, il est de principe que tout service donne droit à une indemnité envers celui de qui on l'a reçu.

Il a donc paru équitable que les spectateurs payassent une rétribution pour la garde des objets dont les dépositaires restaient responsables.

Cette opinion ayant prévalu, on fut pareillement d'avis que le taux des rétributions à imposer ne devait pas être abandonné à l'arbitraire des directeurs ou de leurs fermiers, et qu'au préfet de police appartenait le droit d'établir un tarif spécial.

En conséquence, ce magistrat prit un arrêté, le

10 décembre 1841, pour fixer les rétributions dont il s'agit; et depuis sa publication il a reçu une parfaite exécution.

L'utilité de ce tarif est incontestable. C'est une sage et bonne mesure que viennent justifier au besoin l'ordonnance de police du 12 février 1828 et l'arrêté du 27 mars 1817, basé sur les dispositions des articles 12 et 36 de l'arrêté des consuls du 12 messidor an VIII, par lesquels le préfet de police est chargé de la surveillance intérieure des théâtres, et de prendre des mesures à l'effet d'y assurer le bon ordre. L'arrêté de 1841 a atteint ce but en paralysant les troubles résultant souvent de perceptions arbitraires auxquelles était soumis le public.

N° **68**. D'après l'ordonnance de police du 12 février 1828, il ne peut être annoncé, pendant la représentation, à l'intérieur des salles, par les libraires ou leurs commissionnaires, d'autres écrits que les pièces de théâtres et un simple bulletin donnant la composition du spectacle du jour, avec le nom des acteurs qui doivent y remplir un rôle.

Cette distribution est défendue à l'entrée des théâtres, sous les péristyles et vestibules, dans l'intérêt de la libre circulation.

En 1830, le préfet de police donna de l'extension à cette mesure, pour faire l'application de la Charte aussi libéralement que possible.

En conséquence, en vertu des lois de décembre 1830 et 16 février 1834 concernant la vente des écrits dans les lieux publics, des autorisations furent délivrées pour la distribution de journaux politiques et littéraires dans les salles de spectacle.

Ces permissions furent accordées, comme elles le sont encore, dans le but de propager la vente de la presse quotidienne à l'intérieur et aux abords des théâtres, pourvu que ces feuilles publient le programme des spectacles du jour.

Il est défendu aux vendeurs d'annoncer les journaux sous un autre titre que celui qui leur est propre, sous peine de retrait des permissions, mesure qui s'exerce aussi contre eux lorsque par leurs cris ils troublent la tranquillité dans les théâtres.

Quelques journaux sont distribués, à l'exclusion de tous autres, dans l'intérieur des salles, les propriétaires de ces feuilles ayant acheté ce droit des directeurs.

On en compte aussi un assez grand nombre dont la vente n'est permise qu'aux abords des théâtres. Soixante-quinze crieurs environ assurent habituellement ce service, qui est, du reste, surveillé par les agents de l'autorité.

Si le préfet de police n'avait pas limité les permissions pour la vente des journaux près les salles de spectacle, plus de trente nouvelles feuilles s'y distribueraient depuis la révolution de 1848.

En agissant ainsi, l'autorité a fait preuve de sagesse, car il est évident que le bon ordre eût été troublé par les bandes de crieurs qui s'y fussent portés.

D'un autre côté, la surveillance de ces feuilles publiques aurait été infailliblement mise en défaut sous le rapport de l'observation des formalités imposées à la presse par les lois qui la régissent.

En effet, comment eût-il été possible, en raison d'un trop grand nombre de journaux, de vérifier et de s'assurer si chaque feuille avait paru sous un titre déclaré au ministère de l'intérieur, et si elle avait un gérant et un imprimeur, conformément à la loi du 18 juillet 1828, qui n'a pas cessé d'être en vigueur.

Ces considérations ont donc fait rejeter toute nouvelle demande de cette nature, et cela dans l'intérêt de l'ordre public, ne pensant pas que l'intention du préfet de police soit de nuire aux publications de la presse.

Du reste, il résulte des lois sur la matière que la vente des écrits et de la librairie proprement dite est formellement interdite dans les théâtres, parce qu'ils ne sont pas destinés à servir de débouché à cette branche de commerce. Une autre règle décide également que la librairie ne doit se faire qu'au local même où a été délivré le brevet de l'éditeur et du libraire.

Il est arrivé que, depuis 1848, l'industrie commerciale a, par un nouveau mode de publicité, annoncé dans quelques théâtres la vente de ses produits.

Pour parvenir à ce résultat, on a placé, avec le consentement des directeurs et l'autorisation du préfet de police, des rideaux d'avant-scène qui sont baissés dans les entr'actes, et sur lesquels ont été peints des sujets allégoriques et des annonces commerciales provoquant l'attention et parfois le rire des spectateurs, à cause de la manière bizarre dont sont représentés certains établissements.

Ces rideaux, en usage dans quelques salles de spectacle, ont au moins cela d'utile, qu'en attirant les regards du public, ils contribuent au maintien de la tranquillité pendant la durée des entr'actes.

Avant la révolution de Février, ces sortes de tableaux ayant été introduits sans permission, l'autorité crut devoir en défendre l'exhibition, par la raison que, les théâtres étant généralement assimilés à des monuments d'art, il n'était pas convenable de les transformer en bazar, en salle de vente ou d'encan.

Des ordres furent donc transmis pour ordonner la suppression des rideaux en question, ce qui ne rencontra pas d'opposition de la part des directeurs.

L'intervention du préfet de police avait encore eu pour but de prévenir des désordres, que les sujets représentés lui avaient semblé devoir occasionner.

Cependant, l'expérience a démontré le contraire, puisque ces rideaux n'ont donné lieu à aucun trouble. L'administration actuelle ne peut, en conséquence, que se féliciter d'avoir prêté son concours à un moyen de publicité profitable aux industries commerciales en même temps qu'il procure un revenu aux directions qui livrent leurs salles pour l'exposition de ces noncioramas.

N° 69. — Aux termes de la loi des 13 et 19 janvier 1791, il doit toujours y avoir dans chaque théâtre, suivant les besoins du service, un ou plusieurs commissaires de police, chargés de la surveillance générale pendant la représentation.

Cette loi autorise le préfet à leur assigner, dans l'intérieur de la salle, des places convenablement situées pour exercer leur surveillance et pouvoir se transporter facilement où leur présence est indispensable.

Il est adjoint à ces fonctionnaires, pour les seconder au besoin et veiller à l'exécution des règlements de police, un officier de paix, qui, d'après la loi de l'an IV sur cette institution, est un agent de la force publique.

Ils ont le droit pareillement, d'après un règlement, d'occuper une stalle d'orchestre ou de première galerie, laquelle doit être réservée du côté opposé à celle du commissaire de police, pour que les agents de l'autorité puissent voir toutes les parties de la salle.

Indépendamment de ces entrées, basées sur un service public, le préfet de police peut encore exiger des entrées gratuites pour le nombre d'agents dont la présence serait reconnue nécessaire.

En pareil cas, ce magistrat n'agit que conformément à l'arrêté ministériel du 25 avril 1807, approuvé par un décret de l'empereur, qui prescrit de limiter le nombre de ces entrées à celui des individus jugés indispensables pour le maintien de l'ordre et de la sûreté publique. On peut encore se reporter à l'arrêté des consuls du 12 messidor an VIII.

Le service des officiers de paix dans les théâtres doit commencer dès l'arrivée de la garde de police, c'est-à-dire une heure avant l'ouverture des bureaux où se fait la vente des billets.

Les consignes les chargent d'écarter les commissionnaires ou mendiants qui, les jours où il y a affluence, cherchent, aussitôt après l'ouverture des bureaux, à se livrer des premiers billets, pour en faire auprès des files du public un trafic préjudiciable au bon ordre et souvent onéreux pour les citoyens qui désirent devancer leur entrée dans la salle.

Les officiers de paix doivent aussi éloigner les gens sans aveu venant trafiquer des places, et qui sont en partie cause de la répugnance qu'éprouvent les particuliers à prendre les files pour acheter leurs billets aux bureaux.

De leur côté, les commissaires de police sont tenus de veiller à ce que les entrées principales des théâtres ne soient point obstruées, dans le but d'en rendre l'accès facile et sans danger pour les piétons.

Les fonctionnaires de l'ordre ci-dessus doivent assurer surtout l'exacte exécution de la consigne qui règle, en raison des localités, l'arrivée, le stationnement et le départ des voitures.

Les règlements sur la police des théâtres leur prescrivent aussi d'employer les moyens propres à assigner et à faire observer des entrées distinctes pour chaque nature de billets, afin que la foule puisse pénétrer sans accident dans les salles de spectacle.

Lorsque la vente des billets s'opère aux bureaux, les commissaires de police et les officiers de paix doivent agir de concert pour que les personnes munies de coupons donnés ou vendus d'avance n'entrent qu'avec celles qui ont acheté leurs places aux bureaux.

Il est du devoir des commissaires de police de s'assurer avant l'entrée du public au théâtre si les réservoirs sont pleins, et si les sapeurs-pompiers occupent les postes où se trouvent établis les appareils de secours contre l'incendie.

Ces fonctionnaires doivent en outre, à leur arrivée au théâtre, diriger immédiatement leur surveillance sur ce qui pourrait intéresser l'ordre à l'intérieur, soit avant, soit après le lever du rideau.

Cette partie du service auquel ils sont appelés mérite surtout de leur part la plus grande attention.

Ils doivent également agir avec circonspection, si des troubles graves exigeaient qu'ils déployassent autant de prudence que de fermeté dans les mesures auxquelles ils seraient obligés de recourir.

Par exemple, s'il arrivait que, pendant le cours d'une représentation, le public vînt à réclamer la lecture d'un écrit jeté sur la scène et dont l'affiche du jour n'aurait pas fait mention, alors les commissaires de police sont chargés d'intervenir et de ne permettre qu'on donne connaissance de cet écrit qu'après s'être assurés qu'il ne contenait rien qui pût compromettre la tranquillité publique.

S'ils pensent ne pas pouvoir prendre sur eux cette autorisation, il est de leur devoir de prévenir les spectateurs qu'il va en être référé immédiatement à l'autorité supérieure, et que, jusqu'à la décision à intervenir, il sera sursis à la lecture demandée.

A Paris, cette autorité n'est autre que le préfet de police, parce qu'il est de principe qu'en pareil cas il s'agit seulement d'une mesure d'ordre livrée à son appréciation, et non d'un acte de censure de sa part.

Lorsqu'il surgit une contention générale au parterre, par suite de rixes entre les spectateurs, à l'occasion de la pièce qu'on représente, ou au sujet d'un acteur, les commissaires de police ne doivent user de moyens extrêmes pour le rétablissement de l'ordre qu'après avoir reconnu que la sûreté des personnes est sérieusement menacée.

En pareil cas, ils sont obligés de s'interposer et de faire appuyer, au besoin, l'action de l'autorité d'une force armée suffisante pour s'emparer des perturbateurs, ou faire évacuer la salle de spectacle, selon la gravité des circonstances.

Les instructions données à ce sujet recommandent expressément de n'avoir recours à cet expédient, autorisé au surplus par la loi du 19 janvier 1791, qu'après de mûres réflexions.

Enfin, avant d'en venir à cette extrémité, le préfet de police exige des commissaires une dernière précaution.

Ils doivent se placer sur un point éminent, d'où ils puissent embrasser d'un coup d'œil le véritable état de la salle, et là, revêtus de leurs insignes, ils sont tenus de prendre la parole pour prévenir le public qu'attendu la gravité des circonstances, des mesures répressives sont devenues nécessaires, et que les personnes paisibles sont invitées à se retirer sans crainte ou danger.

Peu de temps après cet avertissement, il est procédé à l'évacuation de la salle, et cette opération doit ensuite faire l'objet d'un procès-verbal circonstancié.

Les commissaires de police ont encore pour instruction, tout en maintenant la liberté des suffrages, pendant la représentation, de veiller à ce qu'elle ne soit pas troublée par des cabales malveillantes.

Ils doivent donc user avec prudence des moyens que les lois mettent à leur disposition pour assurer aux spectateurs la jouissance paisible du spectacle.

Dans le cas où ils reconnaîtraient qu'il y a eu de la part de quelques individus dessein prémédité de priver le public de la tranquillité si nécessaire pendant le spectacle, ils sont autorisés à les inviter à sortir de suite, et à les suivre au bureau de police pour donner des explications sur leur conduite, et, suivant l'interrogatoire, les inculpés peuvent être traduits devant les tribunaux compétents, soit pour infraction aux ordonnances ou à toute autre disposition du Code pénal, applicable au fait qui leur est imputé.

En résumé, la surveillance des commissaires de police dans les théâtres est de sa nature toute spéciale. Les délits commis à l'intérieur et aux abords doivent en conséquence être portés à leur connaissance, et les délinquants et contrevenants renvoyés devant qui de droit.

L'ordonnance de police du 12 février 1828 est positive à cet égard.

Un genre de délit appelle très-particulièrement l'attention de ces fonctionnaires. Il arrive souvent que la résistance aux consignes prises par le préfet, et dont l'exécution est confiée aux officiers et sous-officiers de la garde républicaine de service aux théâtres, dégénère en insultes.

Si la garde n'était pas respectée, si la déférence que l'on doit aux ordres des agents de la force publique était méconnue, que deviendrait l'action de l'autorité?

L'insulte faite à un militaire de service ou la rébellion aux consignes qu'il est chargé de faire observer sont des cas prévus et punis par le Code pénal.

Les individus qui en sont prévenus doivent être conduits au bureau de police du théâtre, ou consignés au poste le plus voisin, et mis, s'il y a lieu, à la disposition du commissaire de service de surveillance, au moment où les insultes ou les voies de fait ont été proférées ou exercées.

Dans ces divers cas, l'officier de police ne peut se dispenser de constater les faits par des rapports ou procès-verbaux faisant foi jusqu'à preuve contraire, et de les transmettre directement au préfet, qui, après examen, les défère au tribunal de simple police ou bien au parquet du procureur de la République, selon la nature de la prévention.

Il est essentiel qu'en pareille circonstance le rocès-verbal soit appuyé de la déposition signée ou du rapport du militaire qui a été l'objet d'outrages dans l'exercice de ses fonctions ou à l'occasion du service de police dont il était chargé.

Les commissaires de police doivent encore dresser des procès-verbaux sur la réquisition des spectateurs qui se trouvent dans l'impossibilité d'occuper des places louées par eux à l'avance ou achetées aux bureaux, afin qu'à l'aide de cette constatation régulière ils actionnent, s'ils le jugent convenable, le directeur du théâtre devant les tribunaux pour en obtenir de justes dommages-intérêts.

Des procès-verbaux doivent également constater le refus des billets d'auteurs au contrôle des entrées, sous prétexte qu'ils ont été vendus sur la voie publique ou ailleurs.

En cette occurrence, et sur la demande du porteur des billets ou sur celle de l'auteur, les commissaires doivent établir le fait, parce que presque toujours les billets d'auteur sont une fraction du prix attaché à l'œuvre dramatique, dont on a le droit de disposer d'autant plus qu'ils ont été livrés par suite de stipulations résultant de traités passés entre l'auteur et le directeur d'un théâtre.

A cet égard, le droit de propriété étant incontestable, le préfet, sur les instances de la commission des auteurs, a adressé des instructions formelles aux commissaires de police, pour qu'ils ne puissent se dispenser de constater ces sortes de refus, et il leur a été recommandé expressément de ne pas s'en rendre juges et appréciateurs, ni de régler en quoi que ce soit le droit de l'occupation des places.

N° **70**. Les règlements concernant les théâtres, notamment l'ordonnance de police du 12 février 1828, défendent, pendant les représentations, à toutes personnes, de troubler l'ordre en entrant ou en sortant, de parler à haute voix dans les corridors des loges pendant le jeu des acteurs, afin de ne pas mécontenter le public.

La même ordonnance défend aussi de troubler la tranquillité par des clameurs, des applaudissements ou des signes d'improbation avant que la toile ne soit levée ou pendant les entr'actes.

Le public ne peut pareillement interrompre les acteurs par des interpellations quelconques, ni commettre, soit aux abords des théâtres, soit à l'intérieur, aucune violence, insulte ou indécence.

Ces interdictions ne sont d'ailleurs que la reproduction des dispositions d'un arrêt du conseil du 27 février 1778 enjoignant à tous ceux qui assisteront à l'Opéra de ne faire aucun désordre, ni d'interrompre les acteurs pendant la représentation.

Un règlement antérieur de 1715, concernant la police des bals de l'Opéra, défendait à toutes personnes de commettre, soit aux portes, soit dans la salle de bal, aucune insulte, indécence ou violence.

Ces règlements existent encore ; ils ont été maintenus par la loi des 13 et 19 janvier 1791. Les tribunaux pourraient donc aujourd'hui en faire l'application, si des contraventions de la nature de celles dont ils s'occupent venaient à être constatées.

Le Code pénal vient à l'appui de ce raisonnement en autorisant l'application des anciens règlements d'administration publique dans toutes les matières qui n'ont point été prévues ni réglées par ce Code, et, dans l'espèce, il ne s'y trouve aucune disposition qui ait rapport aux infractions signalées ci-dessus.

Les pénalités se rattachant auxdites contraventions peuvent être prononcées en vertu de l'article 471, n° 15, du Code pénal, pour infraction à un règlement concernant la police d'ordre des salles de spectacle.

En admettant que les règlements précités fussent tombés en désuétude, la loi du 11 germinal an IV, toujours en vigueur, viendrait encore en aide à l'autorité, car elle dispose que tout spectacle où des désordres se manifesteraient à l'occasion des représentations qui y sont données sera fermé temporairement par voie de police administrative, jusqu'à ce que les causes de trouble aient cessé.

Cette disposition légale a donné lieu à l'ordonnance de police, publiée en février 1831, laquelle interdit aux spectateurs d'exiger des acteurs des chants et des airs autres que ceux annoncés par l'affiche du jour, dans le but de prévenir des désordres.

Cette ordonnance fut suivie d'un arrêté qui détermina les airs nationaux et les chants patriotiques qui pourraient être joués et exécutés dans le cours des représentations.

Les commissaires de police doivent faire respecter les prohibitions qui résultent de ces règlements, et au besoin requérir la force armée pour procéder à l'expulsion des perturbateurs, seul moyen de rétablir la tranquillité, si elle venait à être gravement troublée pendant les représentations.

N° **71**. Dans l'un des numéros précédents nous avons cité l'ordonnance qui défend au public de s'introduire aux parterres et aux amphithéâtres des salles de spectacle avec des cannes et autres objets.

A l'occasion de cette mesure, les officiers de paix de service sont tenus de se présenter, à toute heure de la soirée, aux dépôts des cannes, pour y procéder, soit en la présence, soit en l'absence des propriétaires desdits objets, à la visite, recherche et saisie, s'il y a lieu, des armes prohibées qui s'y trouveraient secrètement cachées et dont le port et l'usage sont défendus par la déclaration du 23 mars 1728, le décret du 12 mars 1806 et l'article 314 du Code pénal.

Lorsque des armes de cette espèce viennent à être découvertes, les officiers de police sont tenus de procéder à l'instant même à leur saisie, et de les transmettre avec un procès-verbal au préfet, afin que les personnes qui les ont portées soient poursuivies conformément aux dispositions des articles 314 et 315 du Code pénal, de l'ordonnance du 1er août 1820, dont les pénalités ont été modifiées par la loi du 24-25 mai 1834.

N° **72**. — Il est défendu aux directeurs de prolonger les représentations au delà de minuit. Un intérêt d'ordre public a motivé l'ordonnance du 3 octobre 1837, abrogative de celle de février 1834 qui avait fixé cette clôture à 11 heures du soir. Cette dernière ordonnance excita les critiques de la presse, elle fut appelée le couvre-feu des Parisiens, en ce qu'elle était contraire aux usages et aux habitudes de la population qui fréquente les spectacles.

Cependant l'ordonnance du 3 octobre 1837, en faisant cesser les plaintes et réclamations des directeurs, auxquels elle accorda une heure de plus, a créé quelques exceptions, entre autres, de pouvoir dépasser minuit lorsqu'il s'agirait de représentations extraordinaires ou à bénéfice, mais à la condition de se pourvoir auprès du préfet de police d'une autorisation préalable.

Cette permission oblige le directeur ou le bénéficiaire à payer double les rétributions allouées aux services d'ordre, de police et de sûreté publique établis au théâtre.

D'après les règlements, quand les représentations ordinaires dépassent minuit, sans autorisation, les directeurs sont tenus, indépendamment de la contravention qu'ils ont encourue, de payer double les services ci-dessus indiqués.

La légalité de ces rétributions ne saurait faire question. Il suffit de citer l'arrêté du Directoire du premier germinal an VII, portant qu'il y aura constamment, dans chaque théâtre, des détachements de sapeurs-pompiers rétribués par les directeurs.

C'est en exécution de cette disposition et de l'ordonnance royale du 28 août 1822, relative à l'organisation du corps des sapeurs-pompiers de la ville de Paris, qu'il intervint, le 17 octobre de la même année, un arrêté du préfet de police réglant le service de ces militaires dans les théâtres.

En s'y reportant, on remarquera que ce service est distribué en grand'garde dont la force numérique du détachement est déterminée, ainsi que pour la représentation à laquelle un autre détachement doit assister.

Enfin, ledit arrêté contient en outre le tarif des rétributions allouées à chaque nature de service imposé par l'administration municipale.

Ce règlement, toujours en vigueur, a subi quelques modifications qui ont eu pour résultat d'abaisser le taux des rétributions qu'il avait fixées.

Après la révolution de 1830, les directeurs étant écrasés sous le poids de charges de toutes sortes, sollicitèrent du préfet une réduction du tarif applicable aux sapeurs-pompiers.

Cette réclamation fut accueillie, et un arrêté, pris en octobre de la même année, réduisit d'un tiers les rétributions fixées par le tarif du 17 octobre 1822.

Ce dégrèvement ayant donné lieu à des fractions de centimes, qui étaient démandées par les sapeurs-pompiers, et contestées par les directeurs, l'administration fut dans la nécessité de prendre, le 30 août 1831, un nouvel arrêté établissant le tarif définitif des rétributions pour les services de grand'garde et de représentation. Dès lors toutes les difficultés furent aplanies.

A ces règlements succèda enfin, en décembre 1840, un dernier arrêté qui reporta la rétribution d'un sapeur-pompier de 70 c. à 90 c. pour le service de représentation.

Cette augmentation de solde fut motivée sur ce que ce service était devenu pénible et très-fatigant, en ce sens que, les représentations finissant à minuit, la surveillance de ces militaires s'exerçait pendant sept heures; au lieu qu'avant l'ordonnance du 3 octobre 1837 relative à cette clôture, elle ne durait que 6 heures, les directeurs ne prolongeant pas habituellement le spectacle au delà de 11 heures.

L'Opéra et la Comédie-Française ont vivement réclamé contre ce dernier arrêté devant l'autorité supérieure.

Ces directions soutenaient que le tarif du 30 août 1831 était un règlement définitif, auquel il ne pouvait être dérogé, et que l'application de l'arrêté de décembre 1840 n'avait d'autre but en élevant la rétribution que d'augmenter la solde proprement dite des sapeurs-pompiers, en raison de la création d'une cinquième compagnie, dont la solde devait rester à la charge de la ville de Paris.

Leurs réclamations n'ayant pas paru fondées, le préfet de police maintint son arrêté de 1840 et l'appliqua à toutes les directions théâtrales, qui s'y conformèrent.

Sous un autre rapport, il appartient au préfet de régler le montant des rétributions allouées par les règlements aux gardes chargés du service d'ordre dans les théâtres.

Ce droit est conféré à ce magistrat par l'arrêté du gouvernement du 12 vendémiaire an XI, les ordonnances royales des 14 août 1814, 10 janvier 1816 et 28 mai 1820 sur le service de la gendarmerie de la ville de Paris pour la police des théâtres.

C'est en vertu de cette législation qu'intervinrent, les 29 juillet 1816 et 21 novembre 1820, deux arrêtés de police fixant le taux des rétributions de cette arme pour ledit service, lesquelles seraient à la charge des directions.

Ces arrêtés étaient en cours d'exécution vers la fin de l'année 1828, lorsque, sur la demande du ministre de l'intérieur et les réclamations des directeurs, tendant à obtenir un degrèvement, il fut pris le 31 janvier 1829 un arrêté qui réduisit considérablement les rétributions allouées à la gendarmerie de Paris par les tarifs précédents.

Cette réduction s'opéra, non par l'abaissement de la rétribution, mais par un retranchement sur le nombre des officiers, sous-officiers et gardes composant habituellement les détachements envoyés aux théâtres.

On reconnut qu'en opérant ainsi on ne compromettait pas le maintien du bon ordre et que l'autorité pouvait concilier l'intérêt des directions avec les mesures de sûreté publique à assurer dans les treize théâtres exploités en 1829.

En conséquence, l'effectif des détachements fut modifié, et réglé pour l'avenir, conformément aux deux tableaux annexés à l'arrêté du 31 janvier.

En s'y reportant, on remarquera qu'à l'Opéra principalement, lors des représentations ordinaires, la force du détachement, tant à pied qu'à cheval, doit se composer de 24 gendarmes, sous-officiers compris, et que, pour celles extraordinaires, elle est fixée à 31 gardes, officier et sous-officiers compris, nombre bien inférieur à celui réglé précédemment.

La rétribution était de :

fr.	c.	
3		pour l'officier.
2		— le maréchal-des-logis.
1	50	— le brigadier à pied.
2		— id. à cheval.
1		— le gendarme à pied.
1	50	— id. à cheval.

A l'égard des douze autres théâtres, les détachements furent pareillement diminués dans des proportions établies, d'après leur importance, de telle sorte, qu'à l'exception de la Comédie-Française et des Italiens, dont le détachement pour la première de ces salles, avait été réduit à 9 gendarmes, sous-officiers compris, et à 17 gardes pour la seconde, les autres directions n'eurent plus à rétribuer que de 6 à 7 gardes, sous-officiers compris.

D'après les règlements antérieurs, les directeurs des théâtres de Paris payaient annuellement 80,000 fr. pour le service dont il s'agit, somme réduite d'un tiers par l'arrêté du 31 janvier 1829.

Une telle exonération vint en aide aux directeurs, et l'arrêté qui l'avait prononcée reçut une parfaite exécution jusqu'à la Révolution de 1830.

Alors et par les mêmes raisons qui avaient fait apporter une réduction aux rétributions des sapeurs-pompiers, le préfet de police consentit à diminuer d'un tiers celles fixées par l'arrêté précité.

Un arrêté, pris en octobre 1830, a donc prononcé cette réduction ; toutefois il ne fut rien changé à l'effectif des détachements qui continuèrent à faire le service de police des salles de spectacle.

Comme il est dit plus haut, les rétributions pour le service militaire avaient été réduites de 80,000 fr. payés annuellement à 54,000 fr. Par l'effet d'une nouvelle réduction d'un tiers, autorisée par l'arrêté d'octobre 1830, ces rétributions furent restreintes de 54,000 fr. à 36,000 fr. par année, en opérant seulement avec les théâtres exploités à cette époque, et dont le nombre ne s'élevait qu'à treize.

Ce dernier dégrèvement avait nécessairement diminué la rétribution allouée à chaque garde municipal et aux sous officiers qui commandaient les détachements ; ainsi, un simple garde ne touchait plus que 70 c. au lieu de 1 fr.

Cet état de choses continua quelques années, mais l'autorité fut forcée, par les motifs qui avaient fait augmenter les rétributions des sapeurs-pompiers, de reporter, par des arrêtés successifs, les rétributions de la garde municipale, pour son service de théâtres, aux divers taux du tarif annexé à l'arrêté de police du 31 janvier 1829.

On se conformait encore aux dispositions de cet arrêté lorsque surgit la Révolution de 1848.

A la garde municipale succéda un nouveau corps militaire assimilé, dans son service, à la gendarmerie, et auquel on donna la dénomination de garde républicaine de la ville de Paris.

D'après l'arrêté d'organisation, en date du 9 juin 1848, rendu par la commission du pouvoir exécutif, ce corps est maintenant appelé au service d'ordre et de police près les théâtres.

Ce règlement s'étant occupé également de fixer les rétributions attachées à ce service, à des taux bien inférieurs à ceux de l'arrêté de janvier 1829, il en est résulté que les charges des directeurs ont diminué sous ce rapport, et que cet arrêté se trouve implicitement rapporté.

Le pouvoir exécutif ayant déterminé ces rétributions, le préfet de police n'est plus compétent pour y apporter des modifications, par la raison qu'il réformerait indûment un arrêté du gouvernement, ce qui n'appartient qu'au chef de l'État.

C'est de ce règlement que les directions théâtrales sollicitent maintenant l'application, surtout dans la disposition relative au montant de chaque rétribution à laquelle ont droit les sous-officiers et gardes de ce corps.

Les rétributions ont été ainsi fixées, savoir :

fr.	c.		
1	50	pour	un maréchal-des-logis chef ;
1		—	un brigadier ;
	75	—	un simple garde.

Cet arrêté n'a pas, comme celui du 31 janvier 1829, fait de distinction dans les rétributions accordées pour le service à pied ou à cheval ; mais il s'est borné à allouer une même solde, sans examen des différentes armes.

Il est encore une autre nature de service que les directeurs ont dû rétribuer, aux termes de l'article 5 de l'arrêté du 1er germinal an VII.

Les dispositions de cet article, qui ont été observées longtemps, portent :

« Qu'un poste de garde sera placé, à chaque théâ-
» tre, de manière à ce qu'un factionnaire, relevé
» toutes les heures, puisse continuellement veiller,
» avec un pompier, dans l'intérieur, hors le temps
» des représentations. »

Cette mesure a été appliquée aux directions les plus importantes, telles que l'Opéra, la Comédie-Française et l'Odéon.

Pour s'en convaincre, il suffira de se reporter à l'art. 1er de l'arrêté de police du 31 janvier 1829, qui dispose que le service de nuit et de grand'garde fait par la gendarmerie, dans les théâtres de la ville de Paris, reste et demeure provisoirement fixé en nombre de militaires, et en rétribution, tel qu'il a été réglé par l'arrêté de police de 1826.

La garde municipale, ayant succédé à la gendarmerie, fournissait encore, en 1841, le service de nuit et de grand'garde, pour veiller à la sûreté des théâtres, et touchait des directeurs une rétribution double de celle allouée pour le service de représentation.

On remarquera que le préfet de police, tout en faisant l'application de l'arrêté de germinal an VII, ne s'était occupé d'imposer cette grand'garde qu'aux principaux établissements dans l'intérêt de leur conservation, et en raison du nombreux matériel qu'ils renferment, lequel est évalué pour l'Opéra à un million quatre-vingt deux mille francs, et pour l'Odéon à cent onze mille francs environs.

Cependant, ce service, qui était confié à la gendarmerie, a été supprimé d'office, par le préfet, quelques années avant février 1848, parce qu'il fut considéré comme étant une superfétation onéreuse aux directeurs, du moment où les sapeurs-pompiers remplissaient un service semblable.

Cette mesure a procuré un dégrèvement de près de 3,000 fr. par année aux théâtres de l'Opéra, de l'Odéon et à la Comédie-Française.

Une seule direction exprima des regrets au sujet de la suppression de la grand'garde dont il s'agit, tant elle en reconnaissait l'utilité pour prévenir un commencement d'incendie.

Cette surveillance établissait en quelque sorte, dans l'intérêt du service, un moyen de contrôle entre les militaires desdites armes.

Toutefois, l'administration du Théâtre-Français n'insista pas pour conserver cette grand'garde : la question d'économie prévalut sur celle des avantages qu'on pouvait en tirer.

Il paraîtra clairement démontré de l'analyse qui précède que, depuis vingt années environ, le préfet de police a employé tous les moyens légaux pour dégréver les directions théâtrales des charges que la sûreté publique exige.

L'autorité, sous ce rapport, a toujours cherché à les protéger, afin de maintenir, autant que possible, dans un état prospère, des établissements généralement reconnus indispensables dans une grande cité.

Vainement voudrait-on établir que le préfet ne pouvait soustraire les théâtres à la disposition de l'art. 5 de l'arrêté de germinal an VII, qui ordonne qu'un poste de garde soit placé à chacun d'eux pour les surveiller conjointement avec un pompier.

En soutenant une telle prétention, on méconnaîtrait la lettre et l'esprit de cet arrêté. En effet, qu'a entendu le pouvoir de cette époque? Il a voulu recourir à l'emploi de deux moyens pour prévenir l'incendie des salles de spectacle.

Par le premier, il oblige les directeurs à solder en tout temps des pompiers exercés.

Par le second, il leur enjoint de recevoir un poste de garde pour veiller continuellement, avec un pompier, dans l'intérieur de la salle, hors le temps des représentations.

En l'an VII, cette double surveillance était indispensable, par la raison que les pompiers exercés pour porter des secours n'étaient pas organisés en corps militaire.

Ils se composaient de bourgeois répartis dans les quartiers de Paris, ce qui fit qu'on jugea nécessaire de leur adjoindre des détachements de force armée, pour veiller à la sûreté publique dans les théâtres et en éloigner tout individu qui paraîtrait avoir de mauvais desseins.

Postérieurement à l'arrêté de germinal, il fut créé un corps de sapeurs-pompiers appartenant à l'armée, spécialement affecté au service de la ville de Paris. Le décret d'organisation du 18 septembre 1811 chargea non-seulement ces militaires du service contre l'incendie dans les salles de spectacle, mais encore de celui de police et de sûreté de la capitale.

Les sapeurs-pompiers envoyés dans les théâtres, réunissant alors à l'expérience pratique le caractère d'agent de la force publique, selon le but de l'arrêté de germinal an VII. Le préfet n'hésita pas, dans l'intérêt des directions, à supprimer les grand'gardes de police par les motifs ci-dessus expliqués.

N° **73.** — D'autres précautions de sûreté publique se rattachent encore aux mesures prises pour prévenir et arrêter l'incendie dans les théâtres.

Elles résultent de l'ordonnance de police du 17 mai 1838, concernant l'établissement des décorations en toiles et en papiers ininflammables.

Les prescriptions qu'elle renferme avaient préalablement fait l'objet d'études sérieuses, et de nombreux essais pour reconnaître si les toiles et papiers dont on devait se servir étaient passés à l'état d'incombustibilité au moyen de préparations chimiques.

Une commission mixte, composée de chimistes, d'ingénieurs pris dans le conseil de salubrité, auxquels étaient adjoints le directeur de l'Opéra-Comique et le machiniste en chef de l'Opéra, fut chargée de cet examen, qui eut lieu sous les yeux du préfet.

Après avoir consacré plusieurs séances à des essais réitérés, la commission reconnut que les décors qui avaient été soumis à l'action de la flamme d'un brasier ardent, n'avaient pas pris feu, et que les toiles n'offraient que des tissus carbonisés.

En conséquence, on proposa d'imposer aux directeurs l'obligation de n'employer, à l'avenir, pour leurs décorations, que ces sortes de toiles, si toutefois elles se trouvaient dans le commerce, afin de ne pas créer un monopole en faveur de l'inventeur.

D'après cet avis, le préfet publia ladite ordonnance, qui enjoignit à tout directeur de n'établir, dorénavant, les décorations destinées à de nouveaux ouvrages qu'en toiles ininflammables, et leur prescrivit de faire procéder immédiatement au marouflage de leurs décors avec du papier semblable.

Elle disposait également que les entrepreneurs de spectacle étaient tenus de faire vérifier, à la préfecture de police, avant leur emploi, les toiles et papiers, pour s'assurer de leur incombustibilité, et une estampille qu'on y apposait indiquait qu'ils pouvaient être mis en usage.

Pour les décorations nouvelles, ces précautions reçurent un commencement d'exécution de la part de quelques directions dont l'exploitation suivit de près la publication de l'ordonnance.

Les directeurs des théâtres de la Renaissance et de Saint-Marcel employèrent des toiles ininflammables pour les décorations d'ouvrages importants.

Le Cirque-Olympique, en raison des nombreuses chances d'incendie que comportent les représentations ordinaires de ce théâtre, en fit également usage.

Les choses étaient en cet état, lorsque peu de temps après, en exposant ces décorations à la flamme d'une bougie, elles prirent feu subitement.

Le préfet, en ayant été informé, ordonna qu'il fût procédé à de nouveaux examens ainsi qu'à la recherche des causes qui avaient fait disparaître les préparations chimiques et altérer le ton de certaines couleurs.

Des vérifications auxquelles la commission des théâtres fut livrée, il est résulté pour elle la certitude que les préparations dont on s'était servi pour rendre ces toiles incombustibles, avaient été détruites, en grande partie, par les couches d'encollage et de peinture, et qu'à l'égard de l'altération des laques rouges et bleues, elle provenait des procédés chimiques dont les toiles avaient été imprégnées avant application.

On remarqua, en outre, que les toiles après avoir été soumises à l'action de la peinture ou d'un encollage servant à la décoration théâtrale, le procédé de l'inventeur disparaissait pour faire place à l'état de combustibilité primitif.

Sur le vu du rapport de la commission, le préfet ordonna aux commissaires de police de ne plus tenir la main à l'exécution de l'ordonnance du 17 mai 1838, qui est tombée en désuétude.

Dès que des procédés inaltérables auront été découverts, l'autorité jugera sans doute convenable de faire revivre cette ordonnance, qui intéresse au dernier point la sûreté publique. A cet égard, nous avons foi dans les études de la science.

N° **74**. — En l'absence d'un moyen aussi efficace, le préfet de police dut chercher à augmenter, dans les théâtres, les précautions contre l'incendie.

Ainsi, des arrêtés enjoignent aux directeurs, lorsqu'ils veulent obtenir, sur la scène, des effets de lumière, de n'employer que des herses dont les becs de gaz doivent être enveloppés d'une toile métallique, et de ne les suspendre dans les cintres, qu'à l'aide de chaînettes les tenant toujours à la distance de 2 mètres au moins des toiles, rideaux et des frises, afin que ces becs ne puissent, soit par leur chaleur, soit par leur flamme, communiquer le feu aux décorations.

Il est indispensable d'ajuster à ces herses des tuyaux conducteurs à l'extrémité desquels un robinet d'arrêt doit être établi, pour éteindre instantanément cinquante à soixante becs de gaz qui garnissent les herses s'il survenait, pendant la représentation, un développement de flamme qui pût faire craindre un commencement d'incendie.

Le service de ces robinets doit être exclusivement confié à un ouvrier gazier des compagnies industrielles, et, pour seconder cet employé, il est habituellement placé un sapeur-pompier de surveillance sur les ponts du cintre de la scène.

Depuis l'usage de ces herses, qui remonte à 1835, elles n'ont pas donné lieu au moindre commencement de feu. C'est donc là une amélioration importante que l'on doit à l'administration vigilante du préfet de police, notamment pour l'Opéra, où les décorations, formant panorama, exigent l'emploi de trois ou quatre herses à la fois, afin d'obtenir les effets que le peintre-décorateur s'est proposés.

Si la salle de l'Opéra et l'important matériel qu'elle renferme sont préservés de l'incendie, cela résulte indubitablement de l'emploi des herses, dont la description précède, et de la surveillance de leur éclairage.

Comme mesure se rattachant encore à la sûreté publique, l'autorité devait pareillement faire rechercher un autre moyen d'arrêter le feu s'il venait à éclater dans les cintres.

La commission des théâtres, pour se conformer aux intentions du préfet, fit un rapport dans lequel est démontrée la possibilité, sans nuire au jeu des acteurs, ni à la manœuvre des décorations, de faire tomber à l'instant même sur le plancher de la scène toutes les toiles et rideaux des cintres, au moment où le feu s'y manifesterait.

Le procédé qu'elle indiquait, permet en effet de se rendre maître de l'incendie et de préserver l'édifice d'une destruction presque toujours inévitable.

Il consiste à réunir tous les fils de suspension servant au mouvement des toiles et des décorations des cintres sur un seul fil ou poignée que l'on couperait en cas de feu, ce qui aurait pour résultat de faire tomber sur la scène les frises enflammées, lesquelles seraient éteintes par les sapeurs-pompiers.

Ce surcroît de précaution ayant paru pouvoir être adopté, le préfet s'empressa d'y donner son approbation, et plusieurs arrêtés pris dans les années 1835 et 1837 enjoignirent à tout directeur de faire établir les équipes des cintres conformément au mode ci-dessus indiqué.

Le machiniste en chef de l'Opéra, ayant reçu des ordres pour leur exécution, fit disposer les cintres selon les prescriptions de l'administration, et un premier essai eut lieu devant la commission des théâtres.

La réussite laissa à désirer. Il arriva qu'un assez grand nombre de toiles et rideaux se détachèrent des cintres pour tomber sur la scène, et que plusieurs s'arrêtèrent sur le haut des portants des coulisses.

La position perpendiculaire de ces toiles aurait inévitablement donné plus d'action à la flamme si les rideaux, avant leur chute, eussent été atteints par le feu, mais il fut reconnu que cela était le résultat de la mauvaise direction donnée par les machinistes à la manœuvre de plusieurs fils servant au mouvement des décorations.

Cet insuccès ne parut pas devoir faire renoncer à la mesure; le préfet maintint donc son arrêté pour l'Opéra, où les chances d'incendie sont considérables en raison de la quantité de décors servant aux représentations.

Divers théâtres équipèrent convenablement les cintres de la même manière, entre autres les Variétés.

Le machiniste de cette salle, après avoir disposé ses fils, fit en présence de la commission, tomber d'un seul coup sur la scène tous les rideaux en coupant le fil sur lequel venaient se rattacher ceux servant à la suspension des toiles, de telle sorte que les cintres ne présentaient plus d'aliments à l'incendie.

Cette invention rendit la tranquillité aux spectateurs en même temps qu'elle procura le moyen de conserver les théâtres, où il y a tant d'intérêts à sauvegarder.

Avant d'adopter définitivement ce nouveau système, l'autorité dut s'occuper de la sûreté des personnes appelées au service de la scène et des représentations, afin qu'elles ne soient pas exposées à des dangers, s'il arrivait que, par défaut de précaution, négligence ou inattention, le maître fil vînt à se détacher.

En conséquence, le préfet imposa aux directeurs l'obligation de tenir le fil conducteur constamment renfermé, à sa poignée, dans une boîte dont le machiniste en chef aurait seul la clef.

Ainsi la sécurité des acteurs et des employés se trouve garantie par ce moyen, dont les résultats sont immenses, en ce sens qu'il tend à préserver les théâtres de sinistres qui les ont souvent réduits en cendres.

N° 75. — Indépendamment de ces mesures de sûreté publique, le préfet de police s'occupe de prendre à l'intérieur et aux abords des théâtres les précautions d'hygiène qu'exigent ces lieux de réunion.

Il s'ensuit que les salles doivent être ventilées à chaque rang de loges ainsi que les corridors.

Les directeurs sont tenus, en outre, d'après un arrêté du préfet de police du 7 mars 1839, d'établir aux abords de leurs salles, sur les points et conformément aux modèles adoptés par l'autorité, des urinoirs, en nombre suffisant, destinés aux spectateurs.

Cet arrêté a reçu son exécution dans les localités propres à ce genre d'établissement ; mais il existe des salles de spectacle où la morale publique et le voisinage souffriraient de la pose d'urinoirs.

De ce nombre est le Théâtre-Français, dont les abords ne sont pas disposés convenablement, et qui, cependant, devrait en être pourvu, pour faire droit aux nombreuses réclamations des propriétaires et locataires des maisons voisines du théâtre.

L'autorité avisera sans nul doute à parer à cet inconvénient.

N° 76. — D'autres intérêts d'ordre public dans les théâtres ont fait l'objet d'un arrêté de police du 11 mars 1845, relatif au tarif du prix des places.

D'après la loi des 13 et 19 janvier 1791, aucun tarif n'avait été imposé aux directeurs. Des réclamations étaient souvent adressées, à ce sujet, au préfet de police. On se plaignait des changements apportés fréquemment dans le prix des places, notamment dans la location des loges et stalles.

Le préfet, après s'être assuré que la faculté laissée aux directeurs d'abaisser ou de rétablir, à leur gré, le maximum du prix des places, faisait naître dans l'esprit du public des doutes qui dégénéraient souvent en observations malveillantes et même en discussions de nature à troubler la tranquillité, ordonna :

Qu'à l'avenir, les tarifs du prix des places dans les théâtres ne seraient obligatoires pour le directeur et le public qu'après qu'ils auraient été soumis à son examen, et qu'ils auraient reçu son approbation préalable ;

Que tout directeur serait tenu d'établir immédiatement deux tarifs distincts : l'un déterminant le prix des places prises aux bureaux, de l'extérieur ; l'autre réglant les prix applicables aux loges louées d'avance.

L'arrêté de 1845 ajoute que, ces tarifs une fois établis et approuvés par l'autorité, les directeurs ne pourront, sous aucun prétexte, en changer les prix.

Néanmoins, sur des demandes motivées, le préfet autorise les modifications qu'il y a réellement lieu d'apporter aux tarifs, dans l'intérêt des directions.

Cet arrêté enjoint, en outre, de faire publier le tarif du prix des places prises aux bureaux, ainsi que celui spécial à la location des loges et des stalles, sur les affiches de spectacle, comme aussi de mettre ostensiblement des exemplaires imprimés du tarif de la location des loges, des stalles et des autres places, dans les bureaux destinés à la location, sous les vestibules, et à l'extérieur où le public prend les billets.

Enfin, par une dernière disposition, le même arrêté prononce l'annulation des tarifs existants, par le fait de l'approbation des nouveaux.

Le public parut satisfait de cette mesure, qui venait le protéger contre l'arbitraire de certaines directions, en même temps qu'elle rétablissait le bon ordre dans les théâtres; et de leur côté, les directeurs s'y conformèrent.

N° **77**. — Aux cafés-spectacles, dont il a été question, ont succédé un grand nombre de cafés-concerts.

Ces entreprises, dont l'origine remonte à la création des cafés-chantants tolérés dans la belle saison, aux Champs-Élysées, se sont formées presque aussitôt après la révolution de 1848.

Pour les exploiter, à cette époque, il suffisait de faire une simple déclaration de l'intention où était l'entrepreneur de les ouvrir au public, déclaration autorisée, du reste, par la loi des 13 et 19 janvier 1791, ayant proclamé la liberté des spectacles, laquelle avait repris sa force par suite de l'abrogation de celle de septembre 1835 prononcée par le décret du gouvernement provisoire du 6 mars 1848.

Les entrepreneurs des cafés-concerts, dans les séances qu'ils donnaient journellement, au lieu de se borner à faire chanter des romances, des chansonnettes, quelques duos et même des quatuors (comme aux Champs-Élysées), ajoutèrent à leurs chants des divertissements participant du genre dramatique.

Ainsi, sous l'annonce de chansonnettes dialoguées, des artistes, en costume de théâtre, y jouaient des vaudevilles ou pièces ayant un caractère de jeu scénique.

C'était là un empiétement sur les priviléges qui doivent être respectés jusqu'à la révision de la législation théâtrale par l'Assemblée nationale.

En pareil cas, le préfet dut aviser à réformer ces abus, et c'est ce qu'il tenta en adressant le 24 janvier 1849 une instruction aux commissaires de police pour signaler à leur attention les cafés-concerts et les charger de défendre aux entrepreneurs de ne laisser aucune personne jouer des scènes ni paraître en costume de théâtre pour faire entendre des chants.

Les injonctions adressées dans ce but n'amenèrent pas de résultats satisfaisants.

Dans cette circonstance, le préfet de police avait à examiner si par la législation les entrepreneurs de ces établissements étaient dans l'obligation d'obtenir son autorisation pour pouvoir les exploiter : seul moyen de faire rentrer ces entreprises dans le genre des spectacles de curiosités.

La question d'attribution n'ayant présenté aucun doute à son esprit, ce magistrat, par une ordonnance en date du 17 novembre 1849, a réglementé les cafés-concerts.

En s'appuyant sur la loi du 16-24 août 1790, titre XI, art. 3, § 3; sur l'arrêté du gouvernement du 12 messidor an VIII et sur celui de brumaire an IX, l'ordonnance interdit « aux propriétaires » des cafés-estaminets et autres établissements pu- » blics situés dans le ressort de la préfecture de po- » lice, d'avoir, sans l'approbation du préfet de » police, des chanteurs, bateleurs et musiciens, et » d'y faire exécuter des chants, déclamations, pa- » rades et concerts. »

D'après l'ordonnance, l'arrêté d'autorisation doit contenir les conditions auxquelles la permission sera accordée.

En voici les dispositions :

« L'entrepreneur doit interdire tout chant poli-

» tique et immoral, tout travestissement ou costume
» théâtral.

» Il ne doit faire exécuter que de la musique
» instrumentale ou des chansonnettes à une ou deux
» voix, sans chœurs, sans morceaux d'ensemble, ni
» aucun jeu scénique. »

Il est tenu pareillement de faire afficher, à l'intérieur de l'établissement, le programme du concert du jour, d'acquitter le droit des indigents, et de terminer les concerts à onze heures du soir.

Enfin ces sortes de permissions ne sont valables que pour une année. Elles sont incessibles et toujours révocables en cas de grave désordre ou de violation des conditions qu'elles renferment.

C'est à la faveur de cette ordonnance qu'on est parvenu à ramener l'ordre dans les cafés-concerts, et à les maintenir dans le genre qui leur est spécial.

Il était urgent surtout de soumettre ces entreprises à la perception du droit des pauvres.

CHAPITRE IV.

MESURES QU'IL IMPORTERAIT DE PRENDRE DANS UN INTÉRÊT D'ORDRE ET DE SURETÉ.

N° **78**. — L'Assemblée législative, n'ayant pas encore prononcé l'émancipation de l'industrie théâtrale, l'utilité de l'ordonnance proposée ci-après semblera peut-être démontrée.

Les mesures nouvelles auraient pour objet d'empêcher les entreprises clandestines de se former, et de rappeler aux directeurs leurs obligations envers l'autorité chargée de veiller sans cesse sur leurs exploitations.

Il suffirait pour cela de remanier les dispositions de l'ordonnance de police du 12 février 1828 et d'y introduire des prescriptions dans le sens de celles qui vont suivre.

Ces modifications seraient basées sur le n° 3 de l'art. 3 de la loi des 16 et 24 août 1790, titre XI, sur la loi des 13 et 19 janvier 1791, et enfin sur les articles 2, 12 et 24 de l'arrêté du gouvernement du 12 messidor an VIII (1er juillet 1800), qui placent les théâtres sous la surveillance et l'inspection expresse et directe de l'autorité municipale, représentée à Paris par le préfet de police.

Ce magistrat, étant chargé de prendre les précautions nécessaires en ce qui touche la sûreté des personnes, le maintien de la tranquillité et du bon ordre, tant au dedans qu'au dehors des spectacles, ainsi que les mesures propres à prévenir et à arrêter les incendies, il conviendrait d'imposer à tout entrepreneur de n'exploiter un théâtre qu'après qu'il aura été constaté :

1° Que la salle est construite et disposée en conformité de l'arrêté du 1er germinal an VII et de l'ordonnance de police du 9 juin 1829, qui prescrivent des précautions contre l'incendie ;

2° Que la construction de la salle offre des garanties de solidité ;

3° Que ses distributions intérieures et ses abords ne présentent aucun inconvénient, sous le rapport de la sûreté et de la libre circulation.

L'ordonnance obligerait les directeurs à solder, en tout temps, des sapeurs-pompiers dont les rétributions seraient réglées par le préfet de police. (Ordonnance royale du 22 août 1822.)

Une disposition non moins importante pour la sûreté publique porterait que tout spectacle actuellement ouvert ou qui pourrait l'être par la suite, sera fermé sur-le-champ si les directeurs négligent ou omettent un seul jour d'entretenir les réservoirs pleins d'eau, de tenir en bon état les bornes-fontaines, les pompes à incendie et leurs agrès, et de faire baisser, après la représentation, le rideau en fil de fer séparant la salle du théâtre, ou de prendre les précautions indiquées par l'arrêté de germinal an VII et l'ordonnance de police du 9 juin 1829.

Cet état de choses cesserait dès que les ordres de l'autorité auraient reçu leur exécution.

Un autre article devrait interdire à tout directeur de livrer son théâtre au public avant qu'il n'ait été procédé, par l'administration, au jaugeage ayant pour but de constater le nombre des loges et des places destinées aux spectateurs.

Il serait essentiel pareillement d'introduire une disposition qui autoriserait les commissaires de police et les officiers de paix à se présenter, en tout temps, aux bureaux du dépôt des cannes, pour y procéder, soit en présence, soit en l'absence des propriétaires, à la visite, recherche et saisie des armes prohibées qui s'y trouveraient secrètement cachées, et dont le port et l'usage sont défendus par la déclaration du 23 mars 1728, le décret du 12 mars 1806 et l'article 314 du Code pénal.

Il importerait aussi d'ordonner qu'en cas de découverte d'armes prohibées, elles seront de suite saisies comme pièce de conviction et transmises au procureur de la République, avec le procès-verbal constatant le délit.

Il y aurait encore lieu de prescrire que les journaux, bulletins ou programmes du spectacle du jour, et autres imprimés, ne pourront être annoncés, dans l'intérieur des théâtres, pendant les entr'actes, que par leur titre et qu'en vertu d'une autorisation spéciale délivrée par le préfet, sur le vu du consentement des directeurs.

Toutefois, cette faculté cesserait s'il était reconnu qu'elle eût troublé la tranquillité.

L'ordonnance devrait également prohiber la vente des billets de spectacle et des contre-marques aux abords des théâtres, ainsi que le racollage exercé dans ce but par les marchands, et autoriser la saisie des billets, en faisant constater régulièrement les contraventions.

Afin de neutraliser ce genre de trafic, on pourrait défendre à tout directeur ou à ses préposés de distribuer des billets de parterre, hors des bureaux établis à l'extérieur de leur salle, avant leur ouverture au public.

Une disposition devrait porter que tout spectacle où des troubles et des désordres auront eu lieu, par suite des représentations, sera fermé temporairement, jusqu'à ce que les causes de troubles aient cessé (arrêté du gouvernement du 11 germinal an IV).

Il importerait pareillement que l'autorité défendît formellement la lecture des chansons, billets ou pièces de vers jetés sur la scène pendant la représentation; et aux spectateurs, sous aucun prétexte, d'exiger des acteurs des chants ou des couplets non annoncés par les affiches du jour.

Il conviendrait de même de défendre tout colloque, explication ou discussion qui pourrait s'établir entre les spectateurs et les acteurs.

En pareil cas, et s'il était nécessaire d'adresser des observations ou de faire des justifications au public, elles ne pourraient avoir lieu que par l'intermédiaire du directeur ou du régisseur, après toutefois qu'il en aurait été référé au commissaire de police de service.

Sous un autre rapport, l'ordonnance devrait énoncer que, dans l'intérêt de l'ordre et de la prompte circulation, les cochers de voitures publiques, pris pour conduire des personnes à un théâtre, auront le droit d'exiger d'avance, d'elles, le paiement de leurs courses; alors il leur serait interdit de descendre de leur siége devant l'entrée du spectacle.

Un article enjoindrait aux cochers de voitures de place de ne charger qu'après le défilé des autres voitures, si elles ne sont pas placées à la file.

Une nouvelle disposition paraît essentielle; elle ferait cesser la prétention de quelques directeurs, qui peuvent avoir la faculté de régler, suivant les besoins du service, la force des détachements des gardes de police.

Il suffirait d'insérer dans l'ordonnance que l'effectif des détachements qui composeront la garde extérieure près les théâtres, ainsi que la rétribution à laquelle auront droit les militaires chargés de ce service, seront réglés par le préfet de police, en vertu de l'arrêté de la commission du pouvoir exécutif du 9 juin 1848, qui a organisé le corps de la garde républicaine.

Le projet en question pourrait aussi ordonner la clôture temporaire d'un théâtre, dans quelques-uns des cas ci-dessus fixés, et notamment :

Si les ouvrages représentés outragent la morale publique et blessent la décence par le style, ou bien réveillent des haines politiques;

Enfin, si le directeur est déclaré en état de faillite.

Après avoir traité des mesures qui peuvent se rattacher au bon ordre et à la sûreté publique dans les théâtres, nous pensons que celles sur lesquelles nous appelons l'attention de l'autorité réunissent un tel caractère de légalité et d'actualité qu'il paraît difficile de les voir contester, même par les personnes intéressées à s'y soustraire.

Au moment peut-être où la liberté du théâtre va être proclamée par le législateur, on ne saurait trop faire l'application des sévères mesures d'ordre, et de sûreté publique, dont nous venons de proposer l'adoption.

Suivant les règles précitées, on se rendra compte de quelle manière la police des théâtres de la ville de Paris a été dirigée depuis 1790 jusqu'à ce jour et des améliorations qu'on peut apporter aux règlements intervenus.

On remarquera surtout le zèle, la prévoyance que les préfets de police, depuis leur institution, qui remonte à 50 ans, ont déployés dans la surveillance de ces établissements.

En retraçant la législation spéciale aux théâtres, notre intention a été de faire connaître au public les mesures et les précautions de toutes sortes qui, presque à son insu, viennent le protéger et le font jouir de la sécurité et de la tranquillité si désirables pendant les représentations.

Nous avons également dû nous occuper de la législation conférant au préfet de police la haute surveillance des théâtres, et nous abstenir de parler des priviléges, du classement des genres, et du droit des indigents, matières étrangères au traité que nous avons conçu, et dont l'appréciation appartient au lecteur.

Selon nous, les architectes pourront consulter cet ouvrage sur le mode de construction et de précautions prescrit dans un intérêt de sûreté publique.

Les directeurs seront à même de se rendre compte

des obligations auxquelles ils sont tenus de se conformer.

Les machinistes, en y jetant les yeux, reconnaîtront l'avantage du système des équipes des cintres sur un seul fil.

Les auteurs dramatiques y trouveront les mesures conservatrices de leurs droits au sujet des billets qu'ils se sont réservés.

Les acteurs surtout pourront se pénétrer de leurs devoirs envers le public.

Les commissaires de police et les officiers de paix y puiseront les instructions qu'ils doivent faire observer pour la parfaite exécution des ordonnances et des règlements sur les théâtres, les spectacles de curiosités et autres établissements analogues.

Enfin, les chefs de corps des sapeurs-pompiers et de la garde républicaine s'y reporteront vraisemblablement afin de donner une direction convenable aux services dont ils sont chargés.

Ayant présenté l'ensemble des mesures d'ordre et de sûreté applicables à l'exploitation des théâtres, il ne nous reste plus qu'à faire connaître :

1° La table chronologique de la législation sur cette matière;

2° Le texte, dans le même ordre, des ordonnances et arrêtés sur la police de ces établissements;

3° Les consignes dont l'exécution est confiée aux sapeurs-pompiers et à la garde républicaine;

4° Les instructions et circulaires du préfet de police relatives à la direction que doivent recevoir les mesures d'ordre, de police et de sûreté applicables aux entreprises théâtrales.

COLLECTION

PAR ORDRE CHRONOLOGIQUE

DES

LOIS, DÉCRETS, ORDONNANCES ROYALES,

ARRÊTÉS ET RÈGLEMENTS D'ADMINISTRATION PUBLIQUE

CONCERNANT

L'EXPLOITATION DES THÉATRES DE PARIS ET LES MESURES D'ORDRE, DE SURETÉ ET DE POLICE AUXQUELLES SONT SOUMIS CES ÉTABLISSEMENTS.

LÉGISLATION THÉATRALE.

16 et 24 août 1790,	Assemblée nationale.
13 et 19 janv. 1791,	—
12 janvier 1793,	Convention nationale.
14 janvier 1793,	—
16 janvier 1793,	—
2 août 1793,	—
14 et 20 août 1793,	—
1er septembre 1793,	—
25 pluviôse an IV,	Directoire.
1er germinal an VII,	—
12 messidor an VIII,	Consulat.
5 brumaire an IX,	—
17 frimaire an XIV,	Empire.
8 juin 1806,	—
31 décembre 1815,	Restauration.
10 janvier 1816,	—
7 janvier 1818,	—
8 décembre 1824,	—
9 septembre 1835,	Gouvernement de Juillet.
6 mars 1848,	Gouvernement provisoire de la République française.

LÉGISLATION THÉATRALE.

MESURES D'ORDRE ET DE SURETÉ.

La législation sur les théâtres, du moins celle qui est actuellement ou qui a été antérieurement en vigueur, ne remonte pas au delà de 1791.

Voici en texte, ou sommairement, les principales dispositions d'après lesquelles cette législation est établie, sous le côté seulement des mesures d'ordre, de police et de sûreté publique auxquelles les exploitations théâtrales sont assujetties, sous l'inspection et les ordres de l'autorité municipale (à Paris, le préfet de police.)

D'après l'article 6 de ladite loi, les entrepreneurs ou les membres des différents théâtres seront, à raison de leur état, sous l'inspection des municipalités; ils ne recevront des ordres que des officiers municipaux, qui ne pourront pas arrêter ni défendre la représentation d'une pièce, sauf la responsabilité, des auteurs et comédiens, et qui ne pourront rien enjoindre aux comédiens que conformément aux lois et règlements de police, règlements sur lesquels le comité de constitution dressera incessamment un projet d'instruction. Provisoirement, les anciens règlements seront exécutés.

Et par l'article 7 de la même loi, il est dit qu'il n'y aura au spectacle qu'une garde extérieure, dont les troupes de ligne ne seront pas chargées, si ce n'est dans le cas où les officiers municipaux leur en feraient la réquisition formelle. Il y aura toujours un ou plusieurs officiers civils dans l'intérieur des salles, et la garde n'y entrera que dans le cas où la sûreté publique serait compromise, et sur la réquisition expresse de l'officier civil, lequel se conformera aux lois et règlements de police : tout citoyen sera tenu d'obéir provisoirement à l'officier civil.

Vient ensuite la loi du 1er septembre 1793, portant, art. 3 : « La police des spectacles continue » d'appartenir exclusivement aux municipalités ; les » entrepreneurs ou associés sont tenus d'avoir un » registre dans lequel ils inscrivent et font viser, par » l'officier de police de service à chaque représen- » tation, les pièces qui sont jouées, pour constater » le nombre des représentations de chacune. »

A cette loi a succédé l'arrêté du Directoire exécutif du 25 pluviôse an IV (13 mai 1795), concernant la police des spectacles.

Par cet arrêté, le bureau central de police (aujourd'hui la préfecture de police) ou les administrations municipales étaient chargés de veiller à ce qu'il ne fût représenté sur les théâtres aucune pièce dont le contenu pût servir de prétexte à la malveillance et occasionner du désordre; dans ce cas, ils devaient arrêter la représentation et faire fermer le théâtre.

Un second arrêté du Directoire exécutif, du 1er germinal an VII (21 mars 1799), a, dans un intérêt de sûreté publique, imposé les obligations suivantes aux entreprises théâtrales.

Aux termes de l'art. 1er dudit arrêté, le dépôt des machines et décorations pour les théâtres, partout où il en existe, sera fait dans un magasin séparé de la salle de spectacle.

Art. 2. Les directeurs et entrepreneurs de spectacles seront tenus de disposer dans la salle un réservoir toujours plein d'eau, et au moins une pompe continuellement en état d'être employée.

Art. 3. Ils seront obligés de solder en tout temps des pompiers exercés, de manière qu'il s'en trouve toujours un nombre suffisant pour le service au besoin.

Art. 4. Un pompier sera constamment en sentinelle dans l'intérieur de la salle.

Art. 5. Un poste de garde sera placé, à chaque théâtre, de manière qu'un factionnaire, relevé toutes les heures, puisse continuellement veiller avec un pompier dans l'intérieur, hors le temps des représentations.

Art. 6. A la fin des spectacles, le concierge, accompagné d'un chien de ronde, visitera toutes les parties de la salle pour s'assurer que personne n'est resté caché dans l'intérieur et qu'il n'y subsiste aucun indice qui puisse faire craindre un incendie.

Art. 7. Cette visite, après le spectacle, se fera en présence d'un administrateur municipal, ou d'un commissaire de police, qui la constatera sur un registre tenu à cet effet.

Art. 8. Les dépôts des machines et décorations, la surveillance et le service pour les salles de spectacle, déterminés par le présent article, seront établis sans délai par le bureau central (la préfecture de police aujourd'hui) dans les communes au-dessus de mille âmes, et dans les autres communes par les administrations municipales.

Art. 9 et dernier. Tout théâtre dans lequel les précautions et formalités ci-dessus auront été négligées ou omises un seul jour sera fermé à l'instant.

Par un décret du 21 frimaire an XIV (12 décembre 1808):

Les maires sont chargés de la police des théâtres et

du maintien de l'ordre, et de la sûreté publique (à Paris, la police des théâtres est dans les attributions du préfet de police.)

Extrait de l'arrêté qui fixe les attributions du préfet de police.

12 messidor an VIII.

Art. 12. Le préfet de police aura la police des théâtres, en ce qui touche la sûreté des personnes, les préautions à prendre pour prévenir les accidents et assurer le maintien de la tranquillité et du bon ordre, tant au dedans qu'au dehors.

Art. 24. Il sera chargé de prendre les mesures propres à prévenir ou arrêter les incendies.

---

*Extrait de l'arrêté ministériel portant règlement pour les théâtres de **Paris**, arrêté approuvé par décret du* 29 *juillet* 1807.

25 avril 1807.

Aux dispositions générales dudit arrêté ministériel, il est dit, article 17, les spectacles n'étant point au nombre des jeux publics auxquels assistent les fonctionnaires en leur qualité, mais des amusements préparés et dirigés par des particuliers, qui ont spéculé sur le bénéfice qu'ils doivent en retirer, personne n'a le droit de jouir gratuitement d'un amusement que l'entrepreneur vend à tout le monde. Les autorités n'exigeront donc d'entrées gratuites des entrepreneurs que pour le nombre d'individus jugé indispensable pour le maintien de l'ordre et de la sûreté publique.

Et l'article 19 charge l'autorité ayant la police des théâtres de prononcer provisoirement sur toute contestation entre les directeurs et les acteurs, soit entre les directeurs et les auteurs ou leurs agents, qui tendraient à interrompre le cours ordinaire des représentations; et sa décision provisoire pourra être exécutée nonobstant le recours vers l'autorité, à laquelle il appartiendra de juger le fond de la contestation.

Extrait du Code pénal.

19 février 1810.

Art. 428. Tout directeur, tout entrepreneur de spectacle, toute association d'artistes, qui aura fait représenter sur son théâtre des ouvrages dramatiques au mépris des lois et règlements relatifs à la propriété des auteurs, sera puni d'une amende de

50 francs au moins, de 500 francs au plus et de la confiscation des recettes.

Décret sur la redevance au profit de l'Opéra.

13 août 1811.

NOTA. Ce décret a été rapporté par une ordonnance royale du 7 août 1831.

A l'exception toutefois des dispositions de son article 12, dont les tribunaux ont fait maintes fois l'application avant la loi du 9 septembre 1835, comme après son abrogation; lequel article porte : Toute contravention au présent décret, en ce qui touche l'ouverture d'un théâtre ou spectacle sans déclaration ou permission, sera poursuivie devant nos cours et tribunaux, par voie de police correctionnelle, et punie des peines portées à l'article 410 du Code pénal.

Et par l'article 13 et dernier dudit décret, les procureurs près les cours et tribunaux sont chargés d'y tenir la main, et de faire même d'office toutes poursuites nécessaires, selon les cas.

COLLECTION

PAR ORDRE CHRONOLOGIQUE

DES

ORDONNANCES DE POLICE,

ARRÊTÉS, INSTRUCTIONS, CIRCULAIRES ET CONSIGNES

CONCERNANT

LES MESURES D'ORDRE, DE SURETÉ ET DE POLICE
A OBSERVER DANS LES THÉATRES.

Arrêté concernant les recettes des spectacles.

Paris, le 23 ventôse an VIII (14 mars 1800).

Le préfet de police,

Vu les articles 3 et 6 de la loi du 7 frimaire an V, portant établissement d'un droit sur le prix des billets d'entrée dans les spectacles, etc., les lois postérieures prévoyant l'exécution de la loi précitée;

L'arrêté du gouvernement du 29 frimaire an V, qui chargeait le bureau central de faire justifier du produit de cette perception, et d'en vérifier l'exactitude ; et les divers arrêtés du bureau central, déléguant aux administrations municipales des douze arrondissements l'exercice de cette surveillance et vérification ;

Considérant que la surveillance des recettes des spectacles, bals, etc., auparavant déléguée aux administrateurs municipaux, lorsqu'ils étaient au nombre de sept, avec l'autorisation spéciale de certifier les états desdites recettes et d'en prélever la portion appartenant aux indigents, pour être ensuite le produit versé dans la caisse du caissier général de bienfaisance : service d'une exécution impossible, parce qu'il n'y a plus qu'un maire et deux adjoints par municipalité, et que cette surveillance paraît naturellement devoir être confiée aux membres des comités de bienfaisance, qui ne cessent de donner des preuves de leur zèle et de leur sollicitude pour l'intérêt des pauvres ;

Arrête :

1. Les comités de bienfaisance nommeront un ou plusieurs de leurs membres pour surveiller, dans leurs divisions respectives, la recette des spectacles, bals, concerts, etc.

2. Les membres chargés de pouvoirs à cet effet assisteront aux comptes-rendus chaque jour par les buralistes des différents bureaux de recettes et autres personnes préposées à la vente des billets de supplément et d'abonnement et à la location des loges.

3. Ils certifieront les états de recettes qu'ils adresseront le lendemain au préfet de police.

4. Ils feront certifier les mêmes états par les caissiers des divers établissements compris dans la loi qui ordonne la perception du droit des indigents, et ils leur feront en outre souscrire chaque jour une reconnaissance de la portion de recettes appartenant aux indigents et restant entre les mains desdits caissiers qui s'en reconnaissent dépositaires.

5. Les feuilles de recettes, ainsi certifiées, et les reconnaissances des caissiers seront envoyées chaque jour au préfet de police, qui fera suivre le recouvrement par le caissier général de bienfaisance, avec l'activité que commandent impérieusement les besoins des pauvres.

6. Des diverses feuilles de recettes adressées par le comité de bienfaisance, il sera formé au bureau des mœurs un état général et journalier, lequel, certifié par le chef dudit bureau, sera remis au caissier des indigents.

7. L'état général du produit du droit des indigents sera envoyé, chaque décade, au ministre de l'intérieur, à l'agent comptable.

8. La portion des pauvres provenant des recettes qui pourraient être faites dans des établissements qui n'auraient pas de caissiers responsables, ou à des représentations dramatiques données momentanément ou par extraordinaire, sera prélevée à l'instant même par les membres du comité de bienfai-

sance, qui en adresseront l'état certifié au préfet de police, et en verseront le produit dans la caisse du caissier général de bienfaisance.

9. Le présent arrêté sera envoyé au comité de bienfaisance chargé de son exécution, à l'agent comptable des indigents, et au caissier général de bienfaisance ; il sera en outre notifié aux entrepreneurs et caissiers des établissements compris dans la loi précitée.

Le préfet de police,

Signé : DUBOIS.

Ordonnance concernant la police extérieure et intérieure des spectacles.

Paris, le 8 brumaire an IX (30 octobre 1800).

Le préfet de police,

Vu l'article 12 de l'arrêté des consuls du 12 messidor an VIII, qui lui attribue la police des théâtres en ce qui touche la sûreté des personnes, et le charge des précautions à prendre pour prévenir les accidents et assurer le maintien de la tranquillité et du bon ordre tant au dedans qu'au dehors ;

Vu pareillement l'article 2 du même arrêté,

Ordonne ce qui suit :

1. Nul théâtre public ne peut être ouvert dans la

commune de Paris sans que les entrepreneurs en aient fait préalablement leur déclaration à la préfecture de police. (Loi du 19 janvier 1791, art. 1er.)

2. L'ouverture ne sera permise qu'après qu'il aura été constaté que la salle est solidement construite, que les précautions relatives à l'incendie, et ordonnées par l'arrêté du 1er germinal an VII, ont été prises, et qu'il ne se trouve rien sous les péristyles et vestibules qui puisse en aucune manière gêner la circulation.

3. Tout spectacle actuellement ouvert, ou qui pourrait l'être par la suite, sera fermé à l'instant si les entrepreneurs, au mépris de l'arrêté précité, négligeaient un seul jour d'entretenir les réservoirs pleins d'eau, les pompes en état, de surveiller les personnes qui doivent constamment être prêtes à porter des secours.

4. Les entrepreneurs de spectacle ne pourront faire distribuer un nombre de billets excédant celui des individus que leurs salles peuvent contenir.

5. Les entrepreneurs feront fermer exactement, pendant la durée du spectacle, les portes de communication des salles aux foyers particuliers et loges des artistes, où il ne doit être admis aucune personne étrangère au service du théâtre.

6. A la fin du spectacle, les entrepreneurs feront ouvrir toutes les portes pour faciliter la prompte sortie des citoyens.

7. Il ne pourra être annoncé à l'intérieur des

salles de spectacle, par les libraires ou colporteurs, d'autres ouvrages que des pièces de théâtre.

8. Il est défendu de s'arrêter dans les péristyles et vestibules servant d'entrée aux théâtres. (Ord. du 24 décembre 1769.)

9. Il est expressément défendu à quelque personne que ce soit d'acheter des billets aux bureaux ou ailleurs pour les revendre au public.

10. Il est défendu à tous ceux qui assistent aux spectacles d'y commettre aucun désordre, d'y faire du bruit, d'interrompre les acteurs pendant la représentation, et de circuler dans les corridors de manière à troubler l'ordre. (Ord. précitée.)

11. Nul ne peut avoir le chapeau sur la tête lorsque la toile est levée.

12. Il y aura pour le service du public des commissionnaires reconnus par le préfet de police : ils pourront seuls stationner à l'entrée des théâtres.

13. Les voitures ne pourront arriver aux différents théâtres que par les rues désignées dans les consignes.

Il est expressément défendu aux cochers de quitter, sous quelque prétexte que ce soit, les rênes de leurs chevaux pendant que descendront et remonteront les personnes qu'ils auront amenées.

14. Les voitures destinées à attendre jusqu'à la fin du spectacle iront se placer dans les lieux destinés à cet effet.

15. A la sortie du spectacle, les voitures qui au-

ront attendu ne pourront se mettre en mouvement que quand la première foule sera écoulée, le commandant du détachement de service déterminera l'instant où les voitures pourront être appelées.

16. Les voitures de place qui pendant le spectacle ne se seront pas rangées avec les voitures qui auront attendu ne pourront charger qu'après le défilé.

17. Aucune voiture ne pourra aller plus vite qu'au pas, et sur une seule file, jusqu'à ce qu'elle soit sortie des rues environnant le spectacle.

18. Les conducteurs de voiture qui ne se conformeront pas aux dispositions de la présente ordonnance seront traduits au tribunal de police pour y être punis comme embarrassant la voie publique; et s'il en était résulté des accidents, ils seront traduits au tribunal de police correctionnelle pour y être punis conformément à l'article 16 du titre Ier de la loi du 22 juillet 1791.

Dans l'un et l'autre cas, leurs voitures et leurs chevaux pourront être saisis pour sûreté de l'amende encourue. S'il est résulté des accidents, les conducteurs pourront être arrêtés et retenus jusqu'au jugement en vertu de l'article 28 du même titre de la loi précitée.

19. Il y aura auprès de tous les théâtres une garde extérieure. (Loi du 19 janvier 1791, art. 7.)

20. Les jours de première représentation, de reprise, de début, ou de représentation extraordinaire,

la garde sera augmentée dans les proportions jugées nécessaires pour le service.

21. Il sera établi dans chaque théâtre un corps de garde.

Il y sera pareillement établi un bureau pour les officiers de police.

22. Une heure avant le lever de la toile, il sera placé des factionnaires en nombre suffisant dans les lieux où ils seront nécessaires pour faciliter la circulation des voitures et exécuter les consignes. Ces factionnaires ne pourront se retirer qu'après l'entière évacuation de la salle.

23. La garde ne pénétrera dans l'intérieur des salles que dans le cas où la sûreté publique serait compromise et sur la réquisition expresse de l'officier de police. (Loi du 19 janvier 1791, art. 7.)

24. Tout citoyen sera tenu d'obéir provisoirement à l'officier de police. (Loi précitée.)

25. Tout citoyen invité par l'officier de police ou sommé par lui de sortir de l'intérieur de la salle se rendra sur-le-champ au bureau de police pour y donner des explications qui pourront lui être demandées.

26. Les citoyens composant la garde de service ne pourront circuler, ni s'arrêter dans les corridors des théâtres : ils devront rester constamment au lieu qui leur sera désigné par le commandant du détachement.

27. La présente ordonnance sera imprimée et affichée, etc., etc.

Le préfet de police,

Signé : Dubois.

Nota. Cette ordonnance se trouve reproduite et modifiée par celle du 12 février 1828.

Ordonnance concernant l'ordre à suivre par les voitures à l'arrivée et à la sortie du Théâtre-Français.

Paris, le 9 frimaire an IX (30 novembre 1800).

Le préfet de police,

Vu l'article 12 de l'arrêté des consuls du 12 messidor an VIII, qui lui attribue la police des théâtres en ce qui touche la sûreté des personnes, et le charge des précautions à prendre pour prévenir les accidents et assurer le maintien de la tranquillité et du bon ordre tant au dedans qu'au dehors,

Ordonne ce qui suit :

1. Les voitures ne pourront arriver au Théâtre-Français de la République que par les rues de la Loi et Honoré.

2. Celles qui ne devront pas attendre la sortie s'en iront par ces mêmes rues en suivant exactement la droite.

3. Les voitures destinées à attendre la sortie se rangeront sur une seule file dans la rue de Quiberon.

4. Pour aller prendre la file dans ladite rue de Quiberon, elles s'y rendront en suivant la rue de la Loi, à droite, jusqu'à celle Neuve-des-Petits-Champs, la rue Neuve-des-Petits-Champs, à droite, jusqu'au perron du Palais-Égalité, et elles descendront dans la rue de Quiberon par le perron.

5. Si quelquefois il arrivait que toutes les voitures ne pussent être contenues dans la rue de Quiberon, celles qui n'y trouveraient pas de place stationneraient dans la rue Villedo.

6. Il sera posé des factionnaires, avant l'ouverture des bureaux de distribution, pour maintenir l'ordre ci-dessus.

7. Depuis le moment où il sera placé des factionnaires dans la rue de Quiberon, aucune voiture ne pourra entrer dans ladite rue (par la rue de la Loi), excepté celles qui conduiraient des personnes qui y seraient domiciliées, sans néanmoins pouvoir y stationner.

8. A la sortie du spectacle, les voitures qui auront attendu ne pourront se mettre en mouvement que quand la première foule se sera écoulée. Le commandant du détachement de service déterminera l'instant où les voitures pourront être appelées.

9. Les voitures rangées dans la rue de Quiberon s'avanceront au pas, l'une après l'autre, à mesure qu'elles seront appelées, pour charger le long de la

galerie latérale du théâtre et devant le péristyle.

10. Elles défileront par la rue de la Loi du côté de celle Honoré.

11. Aucune voiture ne pourra aller plus vite qu'au pas, et sur une seule file, jusqu'à ce qu'elle soit sortie des rues environnant ledit théâtre.

12. Les voitures de place qui étaient dans l'usage de stationner rue Honoré, à partir du Palais-du-Tribunat, jusqu'au coin de la rue de la Loi, et dans ladite rue de la Loi, jusqu'au théâtre, pour attendre la sortie du spectacle, cesseront de s'y placer.

Elles ne pourront arriver aux galeries du théâtre qu'en suivant, par la rue de Quiberon, la file des voitures qui auront attendu, et charger après le défilé.

13. Une heure avant le lever de la toile, aucune voiture de place à vide ne pourra entrer dans la rue de la Loi, à partir de la rue Honoré jusqu'à celle Neuve-des-Petits-Champs.

14. Il est expressément défendu aux cochers de quitter, sous quelque prétexte que ce soit, les rênes de leurs chevaux pendant que descendront ou remonteront les personnes qu'ils auront amenées.

15. Toutes les voitures qui entreront dans la rue de la Loi par la rue Neuve-des-Petits-Champs, depuis le moment où sont placés les fonctionnaires, suivront exactement la droite de ladite rue.

16. Les conducteurs de voitures qui ne se conformeront pas aux dispositions de la présente ordon-

nance seront traduits au tribunal de police pour y être punis comme embarrassant la voie publique ; et, s'il en était résulté des accidents, ils seront traduits au tribunal correctionnel pour y être punis conformément à l'article 16, titre Ier de la loi du 22 juillet 1791.

Dans l'un et l'autre cas, leurs voitures et chevaux pourront être saisis pour sûreté de l'amende encourue ; s'il est résulté des accidents, les conducteurs pourront être arrêtés et retenus, jusqu'au jugement, en vertu de l'article 28 de la même loi précitée.

17. Conformément à l'article 22 de l'ordonnance du 8 brumaire an 9, et pour le maintien de toutes les dispositions ci-dessus, il sera placé des factionnaires ainsi qu'il suit :

Sous le péristyle du théâtre	2
Au passage et descente de la rue de Quiberon	1
A la tête des voitures, même rue. . .	1
Au passage Duchêne	1
A la fontaine de la rue de la Loi . . .	1
A l'entrée de la rue de la Loi par celle Honoré.	2
A l'entrée de la rue des Boucheries, du côté de celle Honoré.	1
	9

18. La présente ordonnance sera imprimée, affi-

chée à l'extérieur du Théâtre-Français de la République, et dans toutes les rues environnantes, et envoyée au général commandant d'armes de la place de Paris, aux commissaires de police et aux officiers de paix, pour que chacun, en ce qui le concerne, en assure l'exécution.

Le préfet de police,

Signé : DUBOIS.

Ordonnance concernant les Théâtres.

Paris, le 10 août 1807.

Le conseiller d'Etat chargé du 3e arrondissement de la police générale de l'empire, préfet de police, et l'un des commandants de la Légion d'honneur,

Vu l'art. 12 de l'arrêté du gouvernement du 12 messidor an VIII,

Ordonne ce qui suit :

1. Le décret impérial du 8 août présent mois, concernant les théâtres de Paris, sera imprimé, publié, affiché avec la présente ordonnance.

2. Les quatre grands théâtres mentionnés en l'article 1er du règlement de S. E. le ministre de l'intérieur, en date du 25 avril dernier, savoir : le Théâtre-Français (théâtre de S. M. l'Empereur), le

théâtre de l'Impératrice, le théâtre de l'Opéra (Académie impériale de musique), le théâtre de l'Opéra-Comique (théâtre de S. M. l'Empereur) et les théâtres de la Gaîté, de l'Ambigu-Comique, des Variétés, boulevard Montmartre, et du Vaudeville, étant seuls autorisés, par l'art. 4 du décret impérial précité, à ouvrir, afficher et représenter, tous autres théâtres non autorisés par ledit article doivent être fermés avant le 15 août présent mois, conformément aux dispositions de l'art. 5 du même décret impérial.

3. Ces dispositions seront notifiées dans les vingt-quatre heures aux propriétaires et entrepreneurs des théâtres non autorisés, pour qu'ils aient à se conformer dans le délai prescrit.

4. Les commissaires de police dans les divisions desquels il se trouve des théâtres autres que les huit autorisés par le décret impérial sont chargés spécialement, par la présente ordonnance, de faire cette notification, d'en dresser procès-verbal et de le transmettre de suite à la préfecture de police.

5. Pour l'entière exécution de l'article 5 du décret impérial précité, pareille notification sera faite aux propriétaires ou locataires des théâtres dits de sociétés, où le public était admis gratuitement par des billets imprimés ou à la main.

6. Les commissaires de police, l'inspecteur général du 3e arrondissement de la police générale de l'Empire et les officiers de paix sont chargés, cha-

cun en ce qui le concerne, de tenir la main à l'exécution de la présente ordonnance.

Le conseiller d'État, préfet de police,

Signé : Dubois.

Ordonnance relative à l'ordre à suivre par les voitures à l'arrivée et à la sortie du Théâtre-Français.

Paris, le 15 mars 1811.

Nous, Étienne Pasquier, chevalier de la Légion d'honneur, baron de l'Empire, conseiller d'État chargé du 4e arrondissement de la police générale, préfet de police du département de la Seine et des communes de Saint-Cloud, Sèvres et Meudon, du département de Seine-et-Oise, etc.;

Ayant reconnu qu'il s'est glissé plusieurs erreurs dans l'impression de notre ordonnance du 23 février 1811, relative à l'ordre à suivre par les voitures à l'arrivée et à la sortie du Théâtre-Français ;

Avons ordonné et ordonnons qu'elle sera réimprimée ainsi qu'il suit :

1. La rue Quiberon, à partir de la rue de Richelieu, jusqu'à la maison n° 31, vis-à-vis le café de Foy, est réservée : 1° pour les voitures de Leurs Majestés impériales et royales, pour celles des prin-

cesses du sang et des personnes qui accompagneront Leurs Majestés ; 2° pour celles des princes grands dignitaires ; 3° pour celles des grands officiers de l'Empire ; 4° pour celles des ministres ; 5° pour celles des grands officiers civils de la couronne.

2. Les voitures des ambassadeurs et envoyés des cours étrangères seront placées rue de Richelieu, à partir du café Minerve, et en descendant du côté de la rue Neuve-des-Petits-Champs.

3. A leur arrivée au Théâtre-Français, les voitures à l'usage des particuliers ne pourront tourner pour changer leur direction.

Les voitures qui arriveront par la rue Saint-Honoré suivront la rue de Richelieu et celle Neuve-des-Petits-Champs, jusqu'au passage du Perron.

Les voitures qui arriveront par la rue de Richelieu fileront par la même rue et celle Saint-Honoré, jusqu'aux rues du Lycée, d'Arcole et de Quiberon.

Elles seront rangées sur une seule file, rue de Quiberon, à partir de la maison n° 31, vis-à-vis le café de Foy, et rues d'Arcole et du Lycée, du côté opposé au Palais-Royal.

Les voitures qui ne pourront tenir dans cette file seront placées dans les cours du Palais-Royal ; mais, lors du défilé, elles prendront la file par la rue du Lycée.

Les voitures de place qui ne seront pas retenues iront stationner sur les places à ce affectées.

4. Il est enjoint aux cochers de laisser libre le

débouché des rues, passages et portes cochères. Ils conduiront doucement leurs chevaux sur une seule file.

Il est défendu de couper d'autres voitures.

5. Les voitures à l'usage des particuliers ne pourront se mettre en mouvement qu'après le départ des voitures de Leurs Majestés et de celles désignées dans les articles 1 et 2.

A la sortie du spectacle, les voitures qui auront stationné rue de Quiberon et rue d'Arcole, jusqu'au passage du Perron, suivront la file rue de Quiberon.

Les voitures qui auront stationné rue d'Arcole, de l'autre côté du passage du Perron, et rue du Lycée, pourront suivre la première file rue de Quiberon, ou bien former une seconde file, en suivant vis-à-vis le perron par les rues Neuve-des-Petits-Champs et de Richelieu.

Les voitures qui suivront la rue de Quiberon chargeront à la porte latérale du spectacle, côté de cette dernière rue.

Les voitures qui suivront la rue de Richelieu chargeront à la porte du Théâtre-Français.

6. Aucune voiture, pendant le défilé, n'entrera dans la rue de Richelieu par celle Saint-Honoré.

7. A compter de cinq heures du soir, les cabriolets de place se retireront de la rue de Quiberon.

Il leur est permis de stationner pendant le temps du spectacle sur la place des Victoires.

8. Les carrosses de place resteront sur la place du

Palais-Royal ; ils y seront rangés suivant les limites de la place.

Ils ne pourront se mettre en mouvement qu'autant qu'ils seront appelés pour venir charger, en observant toujours une seule file.

9. La présente ordonnance sera envoyée à M. le général commandant de la place.

Le conseiller d'Etat, préfet de police,

Signé : Baron PASQUIER.

Ordonnance concernant l'ouverture des spectacles gratis.

Paris, le 16 juin 1816.

Nous, ministre d'État, préfet de police,

Vu la lettre à nous adressée par S. E. le ministre de l'intérieur, le 13 juin présent mois ;

Et celle de M. le directeur général chargé du portefeuille du ministre de la maison du roi, en date du 15 de ce mois ;

Ordonnons ce qui suit :

1. Les représentations qui auront lieu dans les spectacles de Paris le mercredi 19 juin présent mois commenceront toutes à quatre heures et demie du soir.

Les portes seront ouvertes au public à quatre heures.

2. L'inspecteur général de police, les commissaires de police, les officiers de paix et les préposés de la préfecture de police sont chargés, chacun en ce qui le concerne, de tenir la main à l'exécution de la présente ordonnance.

Le conseiller d'État, préfet de police,

Signé : Comte Anglès.

Ordonnance concernant le trafic des billets de spectacles et les commissionnaires à l'entrée des théâtres.

Paris, le 6 juillet 1816.

Nous, ministre d'État, préfet de police,

Informé des inconvénients qui résultent chaque jour du trafic des billets de spectacle que font à l'entrée des théâtres les commissionnaires et autres personnes;

Instruit des abus qui se sont introduits dans le service des commissionnaires des théâtres et des plaintes qui sont fréquemment portées à ce sujet;

Voulant faire cesser ces désordres et réprimer ceux qui, à l'avenir, s'en rendraient coupables;

Vu l'art. 12 de l'arrêté du gouvernement du 12 messidor an VIII, qui nous attribue la police des théâtres, en ce qui touche la sûreté des personnes, et nous charge de prendre les précautions nécessaires au maintien de la tranquillité et du bon ordre tant au dedans qu'au dehors des spectacles,

Ordonnons ce qui suit :

TITRE PREMIER.

Interdiction de tout trafic de billets de spectacle.

1. Il est défendu à quelque personne que ce soit d'acheter ou de se procurer des billets de spectacle pour les revendre.

2. Il est également défendu aux limonadiers, marchands de vins et liqueurs, et aux traiteurs voisins des théâtres, de faire par eux-mêmes, ou de laisser faire par leurs garçons et gens de service, le trafic des billets de spectacle, soit dans l'intérieur, soit à l'extérieur de leurs établissements.

3. Ils pourront, suivant les circonstances, être responsables des contraventions à l'article 1er de la présente ordonnance qui seraient commises dans l'intérieur de leurs établissements par les personnes autres que celles attachées à leur service.

4. Les directeurs de spectacles, buralistes et autres personnes attachées à un théâtre ne pourront distribuer, permettre ou souffrir qu'il soit distribué

des billets de spectacle hors des bureaux ou avant leur ouverture.

5. Aucun buraliste ne pourra vendre plus de six billets de spectacle à la même personne, à moins qu'il n'y soit spécialement autorisé par le directeur, qui, dans ce cas, demeurera responsable de l'emploi illicite qui en sera fait.

6. Les officiers de paix et les gendarmes de service aux spectacles arrêteront et conduiront devant le commissaire de police tout individu qu'ils trouveront vendant des billets de spectacle.

7. Les contraventions aux articles précédents seront poursuivies conformément au § III, art. 2, titre II, de la loi des 16 et 24 août 1790 et aux articles 471, 475 et 479 du Code pénal.

Titre II.

Des commissionnaires à l'entrée des théâtres.

8. Il est établi pour le service public, à l'entrée des théâtres, des commissionnaires nommés par le préfet de police.

9. Ils peuvent seuls stationner, en cette qualité, à l'entrée des spectacles.

10. Ils sont spécialement chargés d'ouvrir les portières des voitures, d'appeler les cochers à la sortie des spectacles, et d'être prêts au service que le public peut attendre d'eux.

11. A l'expiration du mois qui suivra la publication de la présente ordonnance, toutes les permissions de commissionnaires à l'entrée des spectacles délivrées jusqu'à ce jour seront annulées.

12. Ceux qui voudront obtenir de nouvelles permissions en feront la demande, dans le même délai, à la préfecture de police.

Ils produiront, à l'appui de leurs demandes, un certificat de bonne conduite, vie et mœurs, délivré par le commissaire de police de leur quartier, sur l'attestation de deux personnes connues.

13. Les permissions ne seront valables qu'après avoir été visées : 1° par le commissaire de police du domicile du commissionnaire; 2° par le commissaire, ou un des commissaires de police chargé de la surveillance du théâtre pour lequel les permissions auront été délivrées.

14. Les commissionnaires seront tenus de représenter, à toutes réquisitions, leurs permissions aux officiers civils et militaires.

15. Les permissions ne seront valables que pour un an; elles seront renouvelées tous les ans selon les formes prescrites par les art. 12 et 13 ci-dessus.

16. Les commissionnaires, à l'entrée des spectacles, porteront une plaque de cuivre sur chaque face de laquelle seront inscrits le numéro de leur permission et la désignation du théâtre auquel ils sont attachés.

17. Les commissionnaires porteront cette plaque ostensiblement et à découvert, sous peine de se la voir retirer, ainsi que leur permission.

18. Il est expressément défendu aux commissionnaires à l'entrée des spectacles de s'en éloigner et d'aller chez les limonadiers, marchands de vins, traiteurs, marchands de liqueurs, depuis l'ouverture des bureaux jusqu'après la clôture des spectacles, sous peine de se voir retirer leurs permissions.

19. Il est défendu aux commissionnaires à l'entrée des théâtres 1° d'acheter ou vendre des billets de spectacle, 2° de se tenir près des bureaux de distribution, ou dans la file des personnes qui veulent se pourvoir de billets, à peine d'être privés de leurs permissions et plaques, et, en outre, d'être poursuivis comme il est dit à l'article 7 ci-dessus.

20. Il sera pris contre les contrevenants à la présente ordonnance, et notamment envers les commissionnaires, garçons limonadiers, traiteurs et marchands, telle mesure de police administrative qu'il appartiendra, sans préjudice des poursuites à exercer contre eux, ainsi qu'il est dit à l'art. 7.

21. La présente ordonnance sera imprimée : elle sera affichée partout où besoin sera, notamment à l'extérieur des théâtres.

22. Les commissaires de police, l'inspecteur général de police, les officiers de paix et les pré-

posés de la préfecture de police sont chargés de tenir la main à son exécution.

Le ministre d'Etat, préfet de police,

Signé : Comte ANGLÈS.

Ordonnance qui défend d'entrer au parterre des théâtres royaux avec des armes et des cannes.

Paris, le 23 mars 1817.

Nous ministre d'État, préfet de police,

Vu les articles 2, 12 et 36 de l'arrêté du gouvernement du 12 messidor an VIII ;

Ordonnons ce qui suit :

1. Il est défendu à toutes personnes d'entrer au parterre des théâtres royaux avec des armes ou avec des cannes.

2. La présente ordonnance sera imprimée et affichée partout où besoin sera, et particulièrement à l'intérieur et à l'extérieur des théâtres royaux.

Les commissaires de police sont chargés, etc.

Le ministre d'État, préfet de police,

Signé : Comte ANGLÈS.

Ordonnance qui défend d'entrer au parterre des théâtres secondaires avec des cannes ou avec des armes.

Paris, le 27 mars 1817.

Nous, ministre d'État, préfet de police,

Vu les articles 2, 12 et 36 de l'arrêté du gouvernement du 12 messidor an VIII;

Vu notre ordonnance du 23 mars présent mois;

Ordonnons ce qui suit :

1. Les dispositions de l'article premier de notre ordonnance précitée, portant défense à toutes personnes d'entrer au parterre des théâtres royaux avec des armes ou avec des cannes, sont étendues aux théâtres secondaires de la capitale et y seront observées à partir de ce jour.

2. La présente ordonnance sera imprimée et affichée, etc., etc.

Le ministre d'État, préfet de police,

Signé : Comte ANGLÈS.

Instruction du préfet de police pour les commissaires de police, officiers de paix et officiers de gendarmerie, relativement à la surveillance aux théâtres.

Paris, le 12 janvier 1818.

J'ai remarqué, messieurs, que, depuis quelque temps surtout, les mesures prescrites par les ordonnances et arrêtés de police pour le maintion du bon ordre et de la sûreté à l'intérieur et à l'extérieur des spectacles, n'étaient pas suivies avec toute la régularité convenable; j'en accuserai d'autant moins votre zèle que l'affluence qui se porte maintenant aux théâtres rend souvent votre surveillance difficile; mais je vois cette surveillance entravée à chaque pas par le défaut d'une véritable co-ordonnance dans ses parties, et d'une entière harmonie dans son action; sans règles bien déterminées, sans rapports bien établis entre tous ces devoirs, il n'y a nulle part de point d'appui, et le zèle même occasionne la confusion. C'est ce qui m'a fait sentir la nécessité d'éclairer votre marche par des instructions qui, puisées dans les ordonnances mêmes, ne changent rien au système suivi jusqu'à ce jour pour la police des théâtres, mais tendent à en régulariser le mouvement.

J'ai renouvelé la dernière ordonnance concernant la police extérieure et intérieure des spectacles, un intervalle de plusieurs années en avait fait perdre de vue les dispositions. Il en existait à peine des traces dans les salles de spectacles; je fonde sur la publicité nouvelle et sur les additions que j'ai faites à cette ordonnance (7 février 1818) l'espoir d'un changement favorable au bon ordre.

Le service de la surveillance des commissaires de police et officiers de paix près les théâtres avait été réglé par un arrêté de l'un de mes prédécesseurs, du 1er novembre 1810; je renouvelle également cet arrêté, dont j'ai modifié seulement quelques dispositions.

Enfin le service de la gendarmerie se trouve réglé par mon arrêté du 29 juillet 1816. Ce qui suit, messieurs, n'est, à bien prendre, qu'un développement de ces diverses dispositions; en vous en pénétrant il vous sera facile de reconnaître que tout y a été prévu, qu'elles rattachent entre elles, sans confusion comme sans contradiction, toutes les parties de la surveillance, et qu'il ne s'agit que d'en bien concerter entre vous l'exécution.

La surveillance à un théâtre commence à l'instant même où la garde est arrivée, la gendarmerie devance plus ou moins l'heure ordinaire de son arrivée à un théâtre, suivant l'affluence présumée et d'après les indications que le chef de la première division de nos bureaux donne chaque matin à l'adjudant de service.

Le premier soin du commandant du poste et de

l'adjudant de service au théâtre doit être d'écarter des bureaux de distribution tous commissionnaires, et ce nombre de mendiants qui, bien avant l'ouverture des bureaux, les jours où il doit y avoir foule, cherchent à prendre les premiers billets pour en faire un trafic préjudiciable au bon ordre ; on doit aussi écarter de la queue ce nombre de gens sans aveu qu'on y voit trafiquer de la place qu'ils y ont prise, et qui sont en partie cause de la répugnance que les particuliers témoignent aujourd'hui à se ranger dans la file pour arriver aux bureaux à leur tour. On aura beaucoup fait déjà pour le rétablissement de l'ordre si l'on tient sévèrement et constamment la main à ces mesures.

Le commandant du poste fait en outre des dispositions telles que les entrées principales des théâtres ne soient point obstruées, de manière que l'arrivée des voitures soit facile et sans danger pour les piétons ; et ici, messieurs, j'appelle toute votre attention sur la nécessité de réunir vos efforts pour parvenir à ce but ; car des mesures d'exécution bien concertées suffiront pour empêcher ces bagarres journalières à la porte des spectacles.

Par une suite d'abus que le temps a encore fortifiés, une quantité de billets d'entrée, je le sais, se trouve d'avance entre les mains de beaucoup de personnes ; elles se présentent naturellement les premières, se groupent et se pressent devant les portes, au risque d'être victimes de leur extrême empressement. Il faut les garantir de leur propre imprudence ; il faut employer tous les moyens pour assigner et faire observer des rangées d'où cette foule puisse s'écouler sans crainte d'accidents dès l'instant de l'ouverture des bureaux. Si cette mesure exige un surcroît de consignes, il faut les placer ; il faut, en un mot, jusqu'à ce qu'on parvienne à détruire l'abus de cette quantité de billets donnés d'avance, établir, pour ainsi dire, l'ordre dans le désordre même, et, si je ne me trompe, ce peut être un sûr moyen 'ôter au mal une grande partie de ses racines. Du moment que les bureaux de distribution seront plus abordables, et que les personnes munies de billets donnés ou vendus à l'avance ne pourront entrer qu'à mesure de celles qui auront pris et payé leurs billets aux bureaux, ces billets donnés seront sans doute moins recherchés, et les directeurs en seront peu à peu plus économes. Pour les dispositions qu'il s'agira de prendre, le concert du commandant du poste et des officiers qui placent les consignes avec les officiers de paix de service sera très-utile.

La surveillance des officiers de paix de service à l'extérieur doit commencer une heure avant l'ouverture des bureaux, et beaucoup plus tôt les jours où il doit y avoir une affluence considérable ; ils doivent diriger une action très-suivie non-seulement contre les individus qui profitent de la foule pour commettre des vols, mais aussi contre ceux qui portent préjudice au bon ordre en faisant trafic de billets d'entrée; messieurs les commissaires, de leur côté, porteront leur attention sur ce genre d'abus, en se rendant, avant l'ouverture des bureaux, aux théâtres dont la surveillance leur est confiée.

Le commissaire de police s'assure ensuite (indépendamment des précautions qui sont prises par le commandant du poste des pompiers) si les réservoirs sont remplis et les travailleurs à leur poste; il dirige immédiatement sa surveillance sur ce qui peut intéresser l'ordre dans l'intérieur, soit avant, soit après le lever du rideau : cette partie mérite la plus grande attention, et en même temps la plus grande circonspection. Lorsqu'il ne s'agit que de ces différends trop ordinaires dans toute réunion nombreuse, ils sont bientôt terminés par l'ascendant, quelquefois même par la seule présence du commissaire. Mais les cas de rumeur générale ou de trouble exigent de sa part l'alliance de la prudence à la fermeté.

S'il arrivait, par exemple, que le public ou une partie du public réclamât la lecture d'un papier qui aurait été jeté sur la scène ou toute autre chose qui n'aurait pas été annoncée par l'affiche, le commissaire de police de service au théâtre n'en devra pas permettre la lecture avant d'en avoir pris connaissance et s'être assuré que l'écrit ou les couplets ne contiennent rien qui puisse compromettre la tranquillité publique; dans le cas où le commissaire de police, à qui seul cet examen est confié, croirait ne pouvoir prendre sur lui de permettre la lecture du papier, il préviendra ou fera prévenir le public qu'il doit en être référé à l'autorité.

Quant aux pièces de théâtre, quant au talent des acteurs, la liberté des suffrages doit exister tout entière; lorsqu'elle éprouve de l'opposition, il est bon d'observer, il est même nécessaire de se convaincre qu'elle vient d'un parti pris par un certain nombre de malveillants pour imposer la loi aux spectateurs. Lorsqu'il y a contention générale dans un parterre, il est essentiel de n'user des moyens extrêmes pour le rétablissement de l'ordre que quand il est reconnu que la sûreté des personnes est sérieusement compromise. J'appelle moyens extrêmes l'introduction de la force armée dans l'intérieur de la salle. Bien certainement si une effervescence amène des voies de fait, la sûreté des personnes est compromise, et l'officier civil est dans l'obligation d'interposer l'autorité en s'appuyant d'une force armée suffisante; mais il ne doit user de cet expédient rigoureux qu'après une mûre observation. La prudence lui suggérera pour dernière précaution de paraître dans un endroit de la salle, d'où il puisse être aperçu le mieux (car il ne convient pas que l'officier civil paraisse jamais sur la scène hors le cas d'absolue nécessité), afin de pressentir par un mot la véritable disposition du public. S'il voit que le désordre ne puisse cesser, il prévient qu'il va être pris des mesures, et que les personnes paisibles peuvent se retirer sans crainte.

En ce qui concerne le service de l'intérieur des théâtres, on doit entendre par officiers de police, les commissaires de police et officiers de paix, seuls aptes à requérir l'introduction de la force armée dans l'intérieur du théâtre, en leur qualité de fonctionnaires publics institués par le chef de l'État.

Les devoirs des adjudants de gendarmerie, comme officiers de police, sont clairement tracés par l'article 12 de mon arrêté du 29 juillet 1816, contenant le règlement de leur service près le corps de la gendarmerie royale de Paris : ils peuvent, hors la présence des commissaires et officiers de paix, déterminer eux-mêmes des mesures et en assurer l'exécution, soit dans une opération de police, soit dans un service établi à poste fixe.

Ce poste fixe ne peut jamais être à l'intérieur des théâtres, où, comme il résulte de l'article 23 de mon ordonnance du 7 janvier 1818, fondé sur la loi, la force armée n'a point de service.

Si le commissaire de police est absent, la force armée ne peut être introduite qu'à la réquisition de l'officier de paix de service.

L'introduction de la force armée dans l'intérieur d'une salle, mesure qu'il ne faut employer qu'après l'insuffisance reconnue de tout autre moyen, devra toujours être constatée par un procès-verbal.

Cette régularité préviendra toute incertitude et toute erreur dans l'action ; mais elle n'embrasse qu'un objet, et je veux l'étendre à d'autres d'une égale importance.

La surveillance du commissaire de police dans un théâtre est spéciale; tous les délits commis à l'extérieur ou à l'intérieur d'un théâtre doivent être portés à sa connaissance, et les délinquants envoyés à son examen.

Tout individu arrêté soit à la porte, soit dans l'intérieur de la salle, doit être conduit au bureau de police; l'officier de police, seul, peut prononcer son renvoi devant l'autorité compétente, ou, provisoirement, sa mise en liberté. Ce sont les expressions formelles de mon ordonnance. En matière de délits, il n'est fait aucune distinction, aucune exception; néanmoins, il est un genre de délit sur lequel j'appelle très-particulièrement l'attention des commissaires de police et officiers de paix. Il arrive souvent que la résistance aux consignes ou aux officiers de service dégénère en insulte; si la garde n'est pas respectée, si la déférence qu'on doit aux ordres donnés par les officiers est méconnue, quel sera l'appui de la surveillance? L'insulte aux militaires en service, et la rébellion aux ordres qu'ils sont chargés de faire exécuter, sont des cas prévus par le Code pénal. Tout individu qui en est prévenu doit être conduit au bureau de police, ou consigné au poste le plus voisin, à la disposition du commissaire de police, qui constate le fait par un procès-verbal. Dans le cas où ce serait l'adjudant de gendarmerie qui, en l'absence du commissaire ou de l'officier de paix, aurait procédé contre un particulier, il le ferait consigner directement au poste, ou, mieux encore, le ferait conduire de suite chez un commissaire de police.

Il est toujours essentiel que le procès-verbal soit appuyé de la déposition signée, ou du rapport du militaire insulté. Il est même bon que le commissaire de police requière ces dépositions, et les délinquants doivent être ensuite envoyés à ma préfecture, suivant la gravité des cas.

Ces délits, messieurs, et ceux qui se commettent à la faveur du désordre qu'on remarque depuis quelque temps aux abords des spectacles, font sentir combien il importe que la surveillance y soit dirigée de bonne heure, et que le service qui doit se faire au bureau de police n'éprouve aucune interruption, ainsi que le détermine l'article 8 de mon arrêté.

Le rétablissement de l'ordre dans toute cette partie dépend, messieurs, de l'exactitude scrupuleuse que vous mettrez dans l'observation des règles que je viens de vous prescrire, et que tout doit seconder. Je charge M. l'inspecteur général de police, ou, en son absence, son adjoint, de veiller strictement à l'exécution de mon ordonnance du 7 janvier courant et des dispositions que renferme la présente instruction en ce qui concerne particulièrement le service permanent des officiers de paix et des inspecteurs.

Tous les devoirs s'enchaînent, tous les rapports se tiennent. Il ne vous reste plus qu'à suivre et maintenir l'ordre des choses tel qu'il est tracé maintenant. Il doit en résulter un changement total dans ce qui s'est pratiqué longtemps d'une manière plus ou moins confuse, plus ou moins abusive. Vous atteindrez ce but, messieurs, en réunissant vos efforts. J'en ai la garantie dans le zèle dont je vous sais animés pour tout ce qui intéresse le bien public.

J'ai l'honneur de vous saluer avec une parfaite considération.

Le ministre d'État, préfet de police,

Signé : comte ANGLÈS.

Ordonnance concernant la police intérieure et extérieure des spectacles.

Paris, le 7 janvier 1818.

NOTA. Cette ordonnance se trouve reproduite dans celle du 12 février 1828, toujours en vigueur (voir *infrà*).

Arrêté concernant le service de police dans l'intérieur des théâtres.

Paris, le 17 janvier 1818.

Nous, ministre d'État, préfet de police,

Arrêtons ce qui suit :

1. La force armée étant spécialement chargée du maintien de l'ordre à l'extérieur des spectacles et du placement des voitures, les commissaires de police et officiers de paix restent chargés de la surveillance et de la police à l'intérieur des théâtres.

2. M. S..., officier de paix, continuera d'être chargé de l'attribution des théâtres.

3. Sont chargés du service de la police et de la surveillance aux théâtres royaux MM.

4. Sont chargés du service de la police et de la surveillance aux théâtres secondaires MM.

5. Par les dispositions ci-dessus, il n'est rien changé à l'attribution spéciale des théâtres secondaires, qui reste la même sous la direction de M. S., officier de paix. Il continuera d'envoyer à chacun de ces théâtres un inspecteur permanent, qui, en son absence, sera sous les ordres de l'officier de paix de service.

6. Il y aura toujours de service dans les théâtres royaux au moins deux inspecteurs.

7. La surveillance à l'intérieur et à l'extérieur

des théâtres aura lieu conformément à notre ordonnance du 7 janvier présent mois.

Le service intérieur des théâtres commence au moment de l'ouverture des bureaux de distribution de billets.

Le service extérieur doit commencer au moins une heure avant l'ouverture de ces bureaux.

M. D..., officier de paix, est chargé de la surveillance extérieure pour le placement et le défilé des voitures, de concert avec les officiers et adjudants de gendarmerie.

8. Du moment où commence le service intérieur des théâtres, le commissaire devra se tenir au bureau de police, si sa présence est nécessaire dans la salle ou dans l'intérieur du théâtre. Il pourra être remplacé au bureau par l'officier de paix de service.

Mais le service du bureau de police est permanent ; il ne doit jamais y avoir d'interruption jusqu'après l'entière évacuation de la salle, et tout doit se concerter entre les commissaires et les officiers de paix, de manière que cette disposition soit scrupuleusement observée.

Les inspecteurs de police, de service dans un théâtre, sont tenus de circuler dans les corridors et au pourtour du parterre, afin d'être toujours à portée d'observer, de rendre compte et d'exécuter les ordres qui leur seraient donnés.

9. Le commissaire de service dans un théâtre rendra compte dans son rapport journalier du résul-

tat de sa surveillance. Il nous adressera un rapport particulier immédiatement après le spectacle toutes les fois que les cas l'exigeront.

Aussitôt que les spectacles seront finis, les officiers de paix de service aux théâtres royaux transmettront à l'inspection générale, pour qu'il nous en soit rendu compte, le rapport de leur surveillance respectivement.

L'officier de paix chargé de l'attribution des théâtres transmettra de même un rapport contenant le résultat de sa surveillance spéciale dans les théâtres secondaires, et, toutefois, sans négliger d'y joindre un article séparé pour ce qu'il aurait recueilli de relatif à la surveillance dans les théâtres royaux.

10. M. l'inspecteur général est chargé de surveiller l'exactitude du service, tant à l'intérieur qu'à l'extérieur des théâtres, et nous en fera rapport.

11. Toutes dispositions contraires à celles du présent arrêté sont rapportées.

12. Expéditions du présent arrêté seront transmises à MM. les commissaires de police et officiers de paix, etc., etc.

Le ministre d'État, préfet de police,

Signé : comte ANGLÈS.

NOTA. Cette ordonnance a été reproduite et modifiée par un arrêté du préfet de police du 14 février 1828. (Voir *infrà.*)

Arrêté concernant la police des théâtres.

Paris, 2 décembre 1824.

Nous, conseiller d'État, préfet de police,

Vu la lettre de Son Excellence le ministre de l'intérieur, en date du 29 mars 1823, par laquelle il nous invite de remettre en vigueur les règlements qui défendent aux acteurs de se présenter sur la scène hors des pièces dont se compose le spectacle;

Vu également la lettre de Son Excellence le ministre de la maison du roi, en date du 5 mars 1823, par laquelle, en approuvant les mêmes règlements, il nous invite à les maintenir sans aucune exception et à donner des ordres à ce sujet;

Voulant assurer l'exécution de ces règlements, trop souvent méconnus, et leur donner une nouvelle publicité,

Avons arrêté, et arrêtons ce qui suit :

1. Il est expressément défendu à tout acteur ou actrice de reparaître sur la scène, même à la demande du public, hors des pièces dont se compose le spectacle.

2. Les commissaires de police, etc.

Le conseiller d'État, préfet de police,

G. Delavau.

Ordonnance concernant la police intérieure et extérieure des spectacles.

Paris, le 12 février 1828.

Nous, préfet de police,

Vu les articles 2, 12 et 36 de l'arrêté du gouvernement du 12 messidor an VIII (1er juillet 1800),

Ordonnons ce qui suit :

Art. 1er. Nul théâtre ne peut être ouvert dans la ville de Paris, ni dans toute l'étendue de notre juridiction, sans que les entrepreneurs aient rempli préalablement les formalités, et se soient pourvus des autorisations voulues par les lois et décrets.

Art. 2. L'ouverture d'un théâtre ne peut avoir lieu qu'après qu'il a été constaté que la salle est solidement construite; que les précautions relatives aux incendies, et ordonnées par l'arrêté du gouvernement du 1er germinal an VII (21 mars 1799), ont été prises, et qu'il ne se trouve rien sous les péristyles et vestibules qui puisse en aucune manière gêner la circulation.

Art. 3. Tout spectacle actuellement ouvert, ou qui pourrait l'être par la suite, sera fermé à l'instant, si les entrepreneurs, au mépris de l'arrêté précité, négligent un seul jour d'entretenir les réservoirs pleins d'eau, les pompes et agrès en état, et de surveiller les personnes qui doivent constamment être prêtes à porter des secours.

Art. 4. Les entrepreneurs de spectacle ne peuvent faire distribuer un nombre de billets excédant celui des individus que leurs salles peuvent contenir, ni inscrire sur la porte des loges un nombre de places, supérieur à leur capacité.

Art. 5. Il est enjoint aux entrepreneurs de faire fermer exactement, pendant toute la durée du spectacle, les portes de communication de la salle aux coulisses, aux foyers particuliers, et aux foyers des artistes, où il ne doit être admis aucune personne étrangère au service du théâtre.

Art. 6. Il leur est pareillement enjoint de faire ouvrir, à la fin du spectacle, toutes les issues pour faciliter la prompte sortie du public. Les battants de toutes les portes devront s'ouvrir en dehors.

Art. 7. Il est expressément défendu aux directeurs de théâtre de faire cesser l'éclairage dans l'intérieur de la salle, dans les escaliers, corridors et vestibules, avant l'entière évacuation du théâtre.

Art. 8. Il est défendu d'entrer aux parterres et amphithéâtres, avec des cannes, des armes ou des parapluies; dans chaque théâtre il doit y avoir, le plus à la portée des personnes qui veulent entrer dans ces parties de la salle, un lieu destiné à recevoir ces objets en dépôt[1].

[1] Le port de l'arme devant accompagner toujours l'épaulette, tout officier revêtu de son uniforme peut entrer avec son épée

Art. 9. Il ne peut être annoncé dans l'intérieur des salles de spectacle, par les libraires ou leurs commissionnaires, d'autres ouvrages que des pièces de théâtre.

Défense est faite de les jeter aux personnes qui les leur demandent.

Art. 10. Il est permis à ces mêmes libraires d'annoncer et de distribuer dans l'intérieur des théâtres un bulletin du spectacle; mais ce bulletin ne doit contenir que l'annonce du spectacle du jour, et le nom des acteurs qui doivent figurer dans les pièces.

Art. 11. Il est défendu de s'arrêter dans les péristyles ou vestibules servant d'entrée aux théâtres (ordonnance du 24 décembre 1769), et de stationner sur la voie publique aux abords de ces établissements.

Art. 12. La vente des billets pris aux bureaux, ou qui proviendraient d'une autre source, est pareillement défendue, comme gênant la circulation, compromettant l'ordre et la tranquillité publique, et donnant lieu à un nouveau genre d'escroquerie.

La vente de toute contremarque ne pourra avoir lieu dans les théâtres où l'on joue plus de deux pièces, qu'après la représentation de la deuxième pièce; et dans les autres, après la représentation de la première.

Art. 13. Il est défendu de parler, et de circuler

dans les théâtres et lieux publics. (Circulaire du préfet de police, en date du 17 février 1845.)

dans les corridors, pendant la représentation, de manière à troubler l'ordre.

Art. 14. Il est également défendu de troubler la tranquillité des spectateurs, soit par des clameurs, soit par des applaudissements, ou des signes d'improbation, avant que la toile ne soit levée, ou pendant les entr'actes.

Art. 15. Nul ne peut avoir le chapeau sur la tête lorsque la toile est levée.

Art. 16. Il ne peut y avoir pour le service public, à l'entrée des théâtres, que des commissionnaires reconnus par la police. Ils porteront ostensiblement une plaque de cuivre, sur laquelle sont gravés le numéro de leur permission et le nom du théâtre auquel ils sont attachés.

Il leur est défendu d'approcher des bureaux où l'on distribue des billets.

Art. 17. Les voitures ne peuvent arriver aux différents spectacles que par les rues désignées dans les consignes.

Il est expressément défendu aux cochers de quitter, sous quelque prétexte que ce soit, les rênes de leurs chevaux, pendant que descendent ou remontent les personnes qu'ils ont amenées.

Art. 18. Les voitures particulières, destinées à attendre jusqu'à la fin du spectacle, doivent aller se placer dans les lieux désignés à cet effet.

Art. 19. A la sortie du spectacle, les voitures qui auront attendu ne pourront se mettre en mouvement que quand la première foule sera écoulée.

Art. 20. Les voitures de place ne peuvent charger qu'après le défilé des autres voitures.

Art. 21. Aucune voiture ne doit aller plus vite qu'au pas, et sur une seule file, jusqu'à ce qu'elle soit sortie des rues environnant le spectacle.

Art. 22. Il y aura dans chaque théâtre un commissaire de police chargé de la surveillance générale; une place convenablement située lui sera assignée dans l'intérieur.

Il sera en costume; les officiers de paix qui lui seront envoyés pour le seconder et faire exécuter ses ordres auront aussi la marque distinctive de leurs fonctions.

Art. 23. Il doit y avoir dans chaque théâtre un corps de garde et un bureau pour les officiers de police.

Art. 24. Il ne peut y avoir, pour les théâtres, qu'une garde extérieure (loi du 19 janvier 1791), elle sera spécialement chargée du maintien de l'ordre et de la libre circulation au dehors et du placement des voitures.

Art. 25. La garde ne pénètre dans l'intérieur des salles que dans le cas où la sûreté publique serait compromise, et sur la réquisition du commissaire de police.

Art. 26. Tout particulier est tenu d'obéir provisoirement à l'officier de police (loi précitée).

En conséquence, tout particulier invité ou sommé

par lui de sortir de l'intérieur de la salle, doit se rendre sur-le-champ au bureau de police pour y donner les explications qui pourraient lui être demandées.

Art. 27. Tout individu arrêté, soit à la porte du théâtre, soit dans l'intérieur de la salle, doit être conduit devant le commisssaire de police, qui seul peut prononcer son renvoi devant l'autorité compétente, ou provisoirement sa mise en liberté.

Art. 28. Il sera pris envers les contrevenants telle mesure de police administrative qu'il appartiendra, sans préjudice des poursuites à exercer contre eux devant les tribunaux.

Art. 29. La présente ordonnance sera imprimée et affichée dans Paris, et particulièrement à l'extérieur et dans l'intérieur des théâtres; elle sera également affichée dans les communes rurales du ressort de la préfecture de police.

Les sous-préfets de Sceaux et de Saint-Denis, les maires, etc., etc.

Le préfet de police,

Signé : DE BELLEYME.

(Voir l'ordonnance du 7 janvier 1818, que celle qui précède remplace.)

Ordonnance concernant les théâtres non autorisés.

Paris, le 31 janvier 1829.

Nous, préfet de Paris,

Vu : 1° Les articles 2, 5, 7 du décret du 8 juin 1806, concernant les théâtres;

2° Les articles 3 et 5 du décret du 29 juillet 1807, concernant les théâtres de Paris;

3° L'ordonnance de police du 10 août de la même année qui prescrit les mesures relatives à l'exécution de ce décret;

4° L'arrêté du ministre de l'intérieur du 2 avril 1824, ordonnant la fermeture des théâtres dits de société;

Vu également les articles 3, 4 et 5, titre XI de la loi du 16-24 août 1790, l'article 9 de l'arrêté du gouvernement du 1er germinal an VII (21 mars 1799), l'article 12 de l'arrêté du gouvernement du 12 messidor an VIII (1er juillet 1800), les articles 291 et 428 du Code pénal, les lois, décrets et arrêtés qui fixent les droits à percevoir au profit des indigents sur les billets d'entrée aux spectacles, bals, feux d'artifice, concerts, courses, ou fêtes publiques, où on est admis en payant, les art. 1er et 12 du décret du 13 août 1811, qui établit la redevance en faveur de l'Académie Royale de Musique;

Considérant qu'il est établi dans Paris un grand

nombre de théâtres dits de société, où le public est admis soit avec des billets soit autrement;

Que l'existence de ces établissements ouverts sans l'autorisation du gouvernement, est contraire aux dispositions des lois et règlements précités;

Qu'il n'a été pris à leur égard aucune des précautions ordinaires, soit pour la construction ou les dispositions intérieures de la salle et du théâtre, soit pour l'isolement extérieur, soit enfin dans l'intérêt de la sûreté publique pour mettre les spectateurs et les propriétés voisines à l'abri des dangers d'incendie;

Que les réunions qui s'y forment habituellement, placées hors de toute espèce de surveillance, peuvent, en l'absence de l'autorité chargée du soin de maintenir l'ordre et les convenances publiques dans tous les lieux où il se fait de grands rassemblements d'hommes, donner lieu à des désordres de plus d'un genre qu'il serait impossible de réprimer immédiatement;

Que les directeurs et entrepreneurs de ces spectacles clandestins s'affranchissent du droit des indigents établi par les lois du 7 frimaire et du 8 thermidor an V, les décrets du 30 thermidor an XII, 8 fructidor an XIII et 21 août 1806, et maintenu par les lois postérieures;

Considérant enfin qu'ils exploitent indistinctement tous les genres dramatiques, et jouissent ainsi de l'avantage de n'être restreints dans les limites d'aucun genre particulier;

Ordonnons ce qui suit :

1. Tous les théâtres non autorisés par le gouvernement, sous quelque titre et dénomination qu'ils se soient établis, et dans lesquels le public est admis, soit avec des billets imprimés ou à la main, soit autrement, devront être fermés avant le 25 février de la présente année, conformément aux dispositions de l'article 4 du titre II de la loi du 16-24 août 1790, de l'article 5 du décret du 29 juillet 1807, de l'article 12 du décret du 13 août 1811 et de l'arrêté du ministre de l'intérieur du 2 avril 1824.

2. Notification de ces dispositions sera faite dans les 24 heures à chacun des propriétaires, entrepreneurs et locataires, de théâtres non autorisés, pour qu'ils aient à s'y conformer dans le délai prescrit.

3. Les commissaires de police, dans les quartiers desquels il se trouve des théâtres non autorisés, sont chargés spécialement de faire cette notification, d'en dresser procès-verbal, et de le transmettre immédiatement à la préfecture de police.

4. A l'expiration du délai prescrit par la présente ordonnance, les commissaires de police s'assureront si les entrepreneurs et propriétaires desdits théâtres se sont conformés à ces dispositions; et, dans le cas contraire, dresseront procès-verbal de toutes contraventions aux lois et règlements précités, pour les contrevenants être traduits devant les tribunaux.

5. Les mêmes dispositions seront applicables à l'avenir à toute entreprise de théâtre, à toute association dramatique à l'égard desquelles les formalités voulues par la loi et par les règlements de police n'auront point été remplies.

6. La présente ordonnance sera imprimée, publiée et affichée, etc., etc.

Le préfet de police,

Signé : DE BELLEYME.

Ordonnance concernant les mesures de sûreté publique et le mode de construction à observer dans l'érection des salles de spectacle[1].

Paris, le 9 juin 1829.

Nous, préfet de police,

Vu les dispositions 1° de l'article 3, paragraphe 5, du titre XI de la loi du 16-24 août 1790, qui confient à l'autorité municipale le soin de prévenir, par les précautions convenables, les accidents et fléaux calamiteux, tels que les incendies, etc.;

2° Celles de l'article 46 de la loi du 19-22 juillet 1791, paragraphe 1er, qui autorisent l'administration

[1] Voir le projet de loi sur la liberté de l'industrie théâtrale amendé par le conseil d'État en mars 1850, lequel prescrit de nouvelles mesures de sûreté publique; et détermine pour Paris la capacité des salles de spectacle.

municipale à prendre des arrêtés lorsqu'il s'agira d'ordonner des précautions locales sur les objets confiés à sa vigilance et à son autorité par les dispositions de l'article 3 de la loi précitée ;

3° Vu l'arrêté du gouvernement du 1er germinal an VII (21 mars 1799), qui prescrit des mesures pour prévenir l'incendie des salles de spectacle, et garantir la sûreté publique contre les funestes effets de la négligence, et les tentatives du crime ;

4° Vu les articles 12 et 24 de l'arrêté du gouvernement du 12 messidor an VIII (1er juillet 1800), qui nous charge de la police des théâtres, et notamment en ce qui touche les précautions à prendre pour prévenir les accidents, et les mesures propres à prévenir ou arrêter les incendies ;

5° Vu l'arrêt de la Cour de cassation du 23 avril 1819, qui a jugé que les arrêtés de l'autorité administrative et municipale ordonnant des précautions locales pour prévenir les incendies, rentrent dans l'ordre légal de ses fonctions, et sont obligatoires pour les habitants de son ressort, lorsqu'ils sont fondés sur des motifs suffisants d'utilité publique;

6° Vu les divers arrêtés ministériels, notamment ceux des 21 février et 18 mai derniers, qui autorisent la construction et l'ouverture de nouvelles salles de spectacle, dans la ville de Paris et la banlieue, et nous chargent de prescrire des mesures de sûreté publique et de précaution dans le mode de construction desdites salles, et sous le rapport également de leur étendue et de leur isolement des propriétés voisines ;

7° Vu, enfin, l'avis donné par la commission consultative, établie près la préfecture de police, en date du 8 courant ;

Considérant qu'il est de bonne administration de prévenir à l'avance les personnes autorisées à construire des salles de spectacle, des diverses mesures et modes de construction à suivre dans l'érection desdites salles, et qui leur sont imposées dans un intérêt de sûreté publique, afin qu'elles ne puissent prétexter cause d'ignorance ;

Considérant que les salles de spectacle sont continuellement exposées à l'incendie, que leur isolement est généralement nécessaire à leur propre conservation et à celle des propriétés voisines ;

Considérant, enfin, que le préfet de police doit, dans l'intérêt de la sûreté générale et de sa responsabilité, prendre toutes les précautions pour diminuer, autant que possible, les dangers d'incendie, et qu'en cela il n'agit que dans l'ordre légal de ses attributions ;

Ordonnons ce qui suit :

Art. 1er. A l'avenir tous propriétaires, entrepreneurs et directeurs de théâtres, autorisés à construire de nouvelles salles de spectacle dans la ville de Paris et dans la banlieue, seront tenus de bâtir et distribuer lesdites salles conformément aux différents modes de construction réglés par les articles qui suivent, et qui leur sont imposés dans un intérêt de sûreté publique.

Art. 2. Sur tous les côtés des salles de spectacle qui ne sont pas bordées par la voie publique, il doit être laissé un espace libre ou chemin de ronde, destiné soit à l'évacuation de la salle, soit aux approches des secours en cas d'incendie.

Cet isolement ne peut jamais être moindre de 3 mètres de largeur pour les salles qui ne contiennent pas au delà de mille personnes.

Pour les autres salles, la largeur est déterminée eu égard au nombre de personnes que la salle peut contenir, à la hauteur de la salle et au genre de spectacle.

Le chemin de ronde doit être constamment fermé par des portes à ses issues sur la voie publique.

Art. 3. Les murs intérieurs, les murs qui séparent les loges d'acteurs et le théâtre, le mur d'avant-scène, le mur qui sépare la salle, le vestibule et les escaliers, doivent être en maçonnerie.

Art. 4. Les portes de communication entre les loges d'acteurs et le théâtre doivent être en fer et battantes, de manière à être constamment fermées.

Le mur d'avant-scène, qui s'élève au dessus de la toiture, ne peut être percé que de l'ouverture de la scène et de deux baies de communication fermées par deux portes en tôle.

L'ouverture de la scène doit être fermée par un rideau en fil de fer, maillé, de 0,02 c. au moins de maille, qui intercepte entièrement toute communication entre les parties combustibles du théâtre et de la salle, et ce rideau ne doit être soutenu que par des cordages incombustibles.

Les décorations fixées dans les parties supérieures de l'ouverture d'avant-scène doivent être toujours composées de matières incombustibles.

Art. 5. Tous les escaliers, les planchers de la salle et les cloisons des corridors doivent être en matériaux incombustibles.

Art. 6. Les salles de spectacle doivent être ventilées par des courants d'air pris dans les corridors, et auxquels l'ouverture au-dessus du lustre doit faire constamment appel.

Art. 7. Aucun atelier ne peut être établi au-dessus du théâtre.

Art. 8. Des ateliers ne peuvent être établis au-dessus de la salle que pour les peintres et les tailleurs, et sous la condition que les planchers soient carrelés et lambrissés; et dans le cas où l'on établirait des ateliers pour les peintres, la sorbonne doit être enfermée dans des cloisons hourdées et enduites en plâtre, plafonnée et carrelée, et fermée par une porte en tôle.

Art. 9. Aucune division ne peut être faite dans les combles que pour les ateliers désignés ci-dessus.

Art. 10. La couverture générale doit être supportée par une charpente en fer, et être percée de grandes ouvertures vitrées.

Art. 11. La calotte de la salle doit être en fer et plâtre sans boiseries.

Art. 12. La salle ne peut être chauffée que par des bouches de chaleur, dont le foyer est dans les caves.

Art. 13. Dans l'une des parties les plus élevées du mur d'avant-scène et sous les combles, il doit être placé un appareil de secours contre l'incendie, avec colonne en charge, au poids de laquelle il doit être ajouté une pression hydraulique assez puissante pour fournir un jet d'eau dans les parties les plus élevées du bâtiment; et la capacité de cet appareil doit être déterminée pour chaque théâtre.

Art. 14. Les pompes doivent être établies au rez-de-chaussée, dans un local séparé du théâtre par des murs en maçonnerie.

Art. 15. Les pompes doivent être toujours alimentées par les eaux de la ville recueillies dans des réservoirs et par un puits, de manière que les deux conduits puissent suffire au jeu des pompes établies.

Art. 16. En dehors des salles de spectacle, il doit être établi des bornes-fontaines alimentées par les eaux de la ville et pouvant servir chacune au débit d'une pompe à incendie; le nombre en est déterminé par l'autorité.

Art. 17. Tous les théâtres doivent avoir un magasin de décorations hors de leur enceinte, pour lequel les directeurs doivent demander une autorisation à la préfecture de police.

Ces magasins doivent être établis suivant les conditions jugées nécessaires dans l'intérêt de la sûreté des habitations voisines.

Art. 18. Les directeurs et constructeurs ne peuvent faire aucun magasin de décorations et accessoires sous la salle et le théâtre; le magasin d'accessoires doit être toujours séparé du théâtre par un mur en maçonnerie.

Art. 19. Il doit y avoir au moins deux escaliers spécialement destinés au service du théâtre, et donnant issues à l'extérieur.

Art. 20. Conformément à l'arrêté du gouvernement du 10 janvier 1803, relatif à l'Opéra; personne, autre que le concierge et le garçon de caisse, ne peut occuper de logement dans les salles des théâtres, ni dans aucune partie des bâtiments qui communiquent aux salles.

Art. 21. Toute infraction aux dispositions de la présente ordonnance donne lieu, contre les directeurs et les entrepreneurs autorisés à construire et ouvrir de nouvelles salles de spectacle dans la ville de Paris et dans la banlieue, à l'application, par l'autorité compétente, des dispositions pénales prononcées par l'article 5 de la loi du 16-24 août 1790, combiné avec les articles 106 et 107 du Code de brumaire an IV, non abrogés par aucune loi postérieure; comme aussi à prononcer contre eux, par l'autorité, la fermeture desdits établissements, et à provoquer devant l'autorité supérieure la révocation des priviléges ayant autorisé l'érection desdites salles de spectacle.

La présente ordonnance sera imprimée, publiée, etc., etc.

Le préfet de police,

Signé : De Belleyme.

Nota. Les contraventions à cette ordonnance sont actuellement réprimées par l'art. 471 n° 15 du Code pénal.

Ordonnance concernant le trafic des billets de spectacle sur la voie publique.

Paris, le 30 août 1831.

Nous, conseiller d'État, préfet de police,

Vu l'arrêté du gouvernement du 12 messidor an VIII (1er juillet 1800), qui nous charge de prendre les dispositions nécessaires au maintien de la tranquillité et du bon ordre au dehors des spectacles;

Considérant qu'un grand nombre d'individus se livrent journellement, sur la voie publique, au trafic des billets de spectacle, à l'entrée des théâtres;

Considérant que ce trafic gêne la circulation, compromet l'ordre et la tranquillité publique, donne lieu à des rixes et à des escroqueries envers les personnes qui se rendent dans les théâtres et qu'il se fait en fraude de la perception de la taxe des indigents, sur le produit des billets délivrés au bureau;

Ordonnons ce qui suit :

1. Le commerce des billets de spectacle sur la voie publique aux abords des théâtres est interdit.

2. Tout individu trouvé vendant des billets de spectacle sur la voie publique aux abords des théâtres sera traduit devant le commissaire de police de service, lequel dressera procès-verbal del a contravention, saisira les billets dont il sera porteur, et prononcera, en cas de délit, l'arrestation provisoire ainsi que le renvoi devant les tribunaux compétents.

3. La présente ordonnance sera imprimée et affichée partout où besoin sera, notamment à l'extérieur des théâtres et dans les rues environnantes.

4. Les commissaires de police, etc., etc.

Le conseiller d'État, préfet de police,

Signé : VIVIEN.

Ordonnance concernant la police intérieure des salles de spectacle.

Paris, le 26 décembre 1832.

Nous, conseiller d'État, préfet de police,

Vu 1° la loi du 16-24 avril 1790,

2° Le décret du 19 janvier 1791,

Et 3° l'arrêté du gouvernement du 12 messidor an VIII (1er juillet 1800) ;

Considérant que les directions théâtrales de la capitale introduisent souvent dans leurs salles, les jours de première représentation et de spectacles extraordinaires, un grand nombre de spectateurs, par des entrées autres que celles destinées au public et avant l'ouverture des bureaux de distribution de billets;

Considérant que cette introduction a lieu au détriment des personnes qui stationnent à l'extérieur desdits bureaux pour acheter des billets dont les places se trouvent envahies à l'avance par le fait de ces introductions clandestines, et que ce fait nuit à la perception du droit des indigents;

Voulant remédier à cet abus, qui donne lieu journellement à des réclamations fondées et occasionne des troubles graves dans l'intérieur des théâtres;

Voulant d'ailleurs assurer autant que possible aux personnes qui se rendent dans les théâtres la jouissance des places dont elles ont acquitté le prix, et assurer en même temps la perception de la taxe des indigents;

Ordonnons ce qui suit :

1. Il est fait défense expresse à tout directeur de théâtre d'introduire, sous quelque prétexte que ce soit, dans l'intérieur des salles, aucun spectateur avant l'ouverture des bureaux de distribution des billets. Il est également défendu de laisser entrer aucun spectateur par toute autre porte que celle d'entrée ouverte au public.

2. Avant l'ouverture des portes au public, les commissaires de police de surveillance dans les théâtres vérifieront si des spectateurs ont été introduits dans l'intérieur des salles contrairement à la prohibition faisant l'objet de l'article qui précède.

3. Toute infraction aux dispositions de l'article 1er de la présente ordonnance sera constatée par des procès-verbaux, qui seront transmis aux tribunaux compétents; sans préjudice du droit de faire évacuer la salle, si l'autorité le juge nécessaire dans un intérêt d'ordre public.

4. La présente ordonnance sera imprimée et affichée à l'intérieur et à l'extérieur des théâtres de Paris, et elle sera également notifiée à chaque directeur.

5. Les commissaires de police, etc.

Le conseiller d'État, préfet de police,

Signé : GISQUET.

(Voir l'ordonnance du 12 février 1828, *suprà.*)

Ordonnance concernant l'heure de clôture des représentations dans les théâtres de la capitale.

Paris, 3 octobre 1837.

Nous, conseiller d'État, préfet de police,

Vu les lois des 24 août 1790 et 19 janvier 1791,

La loi du 22 juillet 1791 (art. 46),

L'arrêté du gouvernement du 12 messidor an VIII,

Le numéro 15 de l'art. 471 du Code pénal;

Sur les vives et nombreuses réclamations des directeurs des théâtres de la capitale, faites dans le but d'obtenir la modification de l'ordonnance de police du 15 février 1834, qui fixe la clôture des représentations à onze heures du soir;

Considérant que dans l'intérêt des directions théâtrales, et plus encore dans celui du public qui fréquente les salles de spectacle, on peut sans inconvénient pour la sûreté et la tranquillité des habitants prolonger les représentations au delà de onze heures du soir;

Ordonnons ce qui suit:

1. A compter de la publication de la présente ordonnance, et à l'avenir, il est fait défense expresse aux directeurs des théâtres de la capitale de prolonger en tout temps leurs représentations au delà de minuit précis.

2. Les contraventions à la défense qui précède seront strictement et sans tolérance aucune constatées par des procès-verbaux ou rapports qui nous seront adressés pour être déférés au tribunal de police municipale.

3. Dans les cas de représentations extraordinaires ou à bénéfice, il pourra être dérogé, sur les demandes que nous adresseront les directeurs, à la défense énoncée en l'article 1er.

Toutefois la permission spéciale qui accordera l'exception fixera l'heure à laquelle la représentation devra se terminer.

4. A défaut par les directeurs des théâtres de s'être pourvus auprès de nous de permissions exceptionnelles, les représentations extraordinaires ou à bénéfice devront se terminer à minuit précis : comme il est dit, à l'article 1er, pour les représentations ordinaires.

5. L'ordonnance de police de 1834 (15 février), relative à la fixation de l'heure à laquelle devaient se terminer les représentations dans les théâtres, est rapportée.

6. La présente ordonnance sera imprimée et affichée dans Paris, à l'intérieur et à l'extérieur des théâtres.

Elle sera pareillement notifiée officiellement à chaque directeur de ces établissements.

7. Le chef de la police municipale, les commissaires de police, etc.

Le conseiller d'État, préfet de police,

Signé : G. DELESSERT.

(Voir l'ordonnance du 15 février 1834 et celle du 30 mars 1844.)

Circulaire du préfet de police aux commissaires de police, relativement à l'envahissement des loges louées à l'avance.

Paris, le 8 février 1838.

Messieurs, je suis informé que des loges et parfois des stalles sont souvent occupées dans les théâtres par des personnes qui n'en sont pas les véritables locataires.

Ces sortes d'occupations sont dues, la plupart du temps, à des erreurs ou un malentendu entre le directeur et les personnes, ou proviennent de billets portant de fausses indications ; et particulièrement de billets d'auteur, donnant droit à toutes places dans les théâtres.

De cet état de choses il arrive que les véritables locataires de loges envahies se présentent au moment de la représentation pour les occuper, et n'en peuvent prendre possession par leur indue occupation et le refus qui leur est fait de leur livrer ces loges.

Alors il survient immédiatement dans la salle, entre les personnes qui occupent les loges et les véritables locataires, qui insistent pour s'y placer, des discussions animées, et parfois injurieuses, qui provoquent l'attention des spectateurs, et viennent troubler l'ordre dans la salle d'une manière plus ou moins grave.

Je sais qu'en pareil cas MM. les commissaires de police de surveillance dans les théâtres sont souvent dans l'usage d'intervenir pour régler ces sortes de différends, et qu'ils se croient le droit d'examiner les prétentions des spectateurs et de désigner celles des personnes qui devront occuper les loges ou les stalles.

J'ai pensé, monsieur, qu'un pareil mode de procéder était complétement étranger à la surveillance que vous êtes appelé à remplir dans les théâtres, et qu'il n'entre pas dans les fonctions qui vous sont attribuées de vous immiscer dans le règlement d'un intérêt purement civil et qui se rattache uniquement à la gestion d'une administration théâtrale à l'égard des spectateurs.

Il m'a paru plus rationnel, lorsque des discussions de cette espèce viendront à surgir, que vous vous borniez à faire appeler soit le directeur ou, en son absence, l'inspecteur en chef de la salle, pour qu'ils aient à régler sur-le-champ le droit d'occupation de la loge ou de la place contestée, soit en livrant des places à la convenance des personnes qui doivent abandonner la loge envahie, soit en leur restituant le prix de la loge ou de la place qu'elles y occupent.

Vous voudrez bien, en pareil cas, n'intervenir que sur la réquisition des directeurs ou de leurs délégués, et uniquement dans l'intérêt de l'ordre public; évitant de vous immiscer dans des questions qui ressortent uniquement de l'action civile, sauf le cas de dispute pouvant troubler l'ordre et incommoder le public, et celui où vous pourriez arriver à titre de conciliateur, en vous maintenant toujours dans la limite d'une grande réserve.

Je désire que les principes que je viens d'émettre vous servent désormais de règle en pareille circonstance; veuillez, monsieur, vous y conformer.

Recevez, monsieur, l'assurance de ma parfaite considération.

Le conseiller d'État, préfet de police,

Signé : G. DELESSERT.

Ordonnance concernant l'établissement des décorations théâtrales en toiles et papiers ininflammables pour prévenir l'incendie des salles de spectacle.

Paris, le 17 mai 1838.

Nous, conseiller d'État, préfet de police,

Vu, 1° la disposition de l'art. 3 § 5 du titre 11 de la loi du 16-24 août 1790;

2° La loi du 19-24 juillet 1791, art. 46;

3° Les art. 12 et 24 de l'arrêté du gouvernement du 12 messidor an VIII (1er juillet 1800),

Et 4° le n° 15 de l'art. 471 du Code pénal;

Considérant qu'il résulte d'expériences faites à

diverses époques à notre préfecture par la commission des théâtres, assistée d'experts chimiques et en présence de directeurs des théâtres royaux, qu'il existe des toiles et papiers ininflammables ;

Considérant que ces toiles et papiers ont été reconnus pouvoir être employés aux décorations théâtrales, sans que les couleurs appliquées sur lesdites toiles et papiers en reçoivent la moindre altération ;

Considérant que leur emploi aura pour immense avantage d'empêcher l'incendie du théâtre de se propager avec la violence dont les derniers événements de ce genre ont donné l'exemple dans la capitale ;

Considérant que les salles de spectacle sont exposées continuellement à devenir la proie des flammes, et qu'on ne saurait prendre trop de précautions pour y garantir la sûreté publique et paralyser les chances d'incendie pendant et après les représentations ;

Ordonnons ce qui suit :

1. A l'avenir, tout directeur de théâtre de la capitale et de la banlieue ne pourra plus mettre en scène aucun décor neuf, à moins que les formes, châssis, terrains, bandes d'air, rideaux, bandes d'eau, plafonds, frises, gazes, toiles de lointain, n'aient été rendus ininflammables, soit par une préparation des toiles, soit par un marouflage qui rendrait également les décors ininflammables.

2. Il est pareillement enjoint aux directeurs de

faire procéder immédiatement au marouflage avec papier ininflammable des doublures de châssis vieux à l'usage actuel de la scène.

3. Ils ne pourront aussi employer, pour l'enveloppe des artifices et pour bourrer les armes à feu, que des matières non susceptibles de continuer à brûler, même sans flamme.

4. Les toiles et papiers destinés aux décorations indiquées par l'art. 1er seront toujours, avant leur emploi, soumis à l'examen de la commission des théâtres ou d'un de ses membres désigné par nous, lequel vérifiera et constatera si les toiles et papiers qui lui seront présentés par les directions théâtrales, sont réellement ininflammables.

5. La vérification et la réception desdites toiles seront constatées par l'application immédiate sur leur tissu de deux mètres en deux mètres d'une estampille de notre préfecture.

6. Le papier reconnu pareillement ininflammable sera aussi estampillé avant son usage à notre préfecture.

7. L'établissement de tout décor neuf, avec des toiles et papiers non estampillés à notre préfecture, donnera lieu non-seulement à la suspension de la représentation, mais encore à l'enlèvement immédiat des décors de l'intérieur du théâtre.

8. Les dispositions de l'article 1er de la présente ordonnance ne recevront d'exécution qu'à partir du 1er septembre prochain, afin de donner aux direc-

teurs de théâtres le temps nécessaire pour se fournir des toiles ininflammables qui leur sont imposées par ledit article.

9. Les contraventions aux dispositions de la présente ordonnance seront constatées par des procès-verbaux ou rapports qui seront transmis au tribunal compétent, indépendamment de la prise de toutes mesures administratives contre les directions théâtrales.

10. La présente ordonnance sera imprimée, publiée et affichée dans Paris et dans tout le ressort de la préfecture de police.

MM. les sous-préfets de Sceaux et de Saint-Denis, MM. les maires et commissaires de police des communes rurales du département de la Seine, le chef de la police municipale, les commissaires de police de la ville de Paris, les officiers de paix,

Le lieutenant colonel du corps des sapeurs pompiers de la ville de Paris, et l'architecte de la préfecture de police sont chargés, chacun en ce qui le concerne, d'en assurer l'exécution par toutes les voies de droit.

La présente ordonnance sera en outre notifiée, en la forme administrative, à chaque directeur de théâtre, présentement exploité dans le ressort de la préfecture de police.

Le conseiller d'État, préfet de police,

Signé : G. DELESSERT.

Ordonnance concernant le trafic des billets de spectacle sur la voie publique.

Paris, le 22 novembre 1838.

Nous, conseiller d'État, préfet de police,

Vu la loi des 16-24 août 1790;

L'arrêté du gouvernement du 12 messidor an VIII (1er juillet 1800), qui nous charge de prendre les dispositions nécessaires au maintien du bon ordre au dehors des salles de spectacle;

Vu le n° 15 de l'art. 471 du Code pénal;

Considérant qu'un grand nombre d'individus se livrent sur la voie publique au trafic des billets de spectacle;

Considérant que ce trafic gêne la circulation, compromet l'ordre et la tranquillité publique, donne lieu à des rixes et à des escroqueries envers les personnes qui se rendent aux théâtres, et qu'il se fait en fraude du droit des indigents établi sur les recettes théâtrales;

Ordonnons ce qui suit:

1. La vente et l'offre de vente des billets et des contre-marques de spectacle sont formellement interdites sur la voie publique, et notamment aux abords des théâtres.

2. Tout individu trouvé vendant des billets et des contre-marques de spectacle sur la voie publique ou

racolant pour procurer aux passants des billets de spectacle dont il sera porteur, ou qu'il offrira de livrer dans une localité quelconque, sera traduit devant un commissaire de police, lequel dressera procès-verbal de la contravention, saisira les billets dont il sera porteur, et prononcera, en cas de délit, l'arrestation provisoire, ainsi que le renvoi du prévenu devant les tribunaux compétents.

3. Les dispositions des articles précédents seront pareillement applicables aux individus qui se livreront, par un moyen quelconque sur la voie publique, au trafic des billets de bals et de concerts publics.

4. Le titre 1er de l'ordonnance de police du 6 juillet 1816, le second § de l'article 12 de l'ordonnance de police du 12 février 1828, ainsi que l'ordonnance de police du 30 août 1831, sont et demeurent rapportés.

5. La présente ordonnance sera imprimée et affichée dans Paris, et notamment à l'extérieur des théâtres.

Ampliation en sera transmise à M. le président du conseil général des hospices de la ville de Paris.

6. Les commissaires de police, etc.

Le conseiller d'État, préfet de police,

Signé : G. DELESSERT.

Arrêté concernant l'établissement d'urinoirs aux abords des théâtres.

Paris, le 7 mars 1839.

Nous, conseiller d'État, préfet de police,

Vu la loi du 24 août 1790, titre XI;

Celle du 22 juillet 1791, article 46;

Les articles 12 et 23 de l'arrêté du gouvernement du 12 messidor an VIII;

L'article 471, n° 15, du Code pénal;

Considérant que, dans l'intérêt des mœurs, de la salubrité et des habitations avoisinant les salles de spectacle, il y a nécessité d'établir ou de placer des urinoirs aux abords des théâtres de la capitale à l'usage du public qui se rend dans ces établissements;

Considérant que les urinoirs doivent être appropriés aux diverses localités où existent des salles de spectacle;

Arrêtons ce qui suit :

Art. 1er. Il est enjoint à tout directeur de théâtre, à Paris, de faire établir ou placer, à partir du 1er avril prochain, aux abords des salles de spectacle, sur les points de la voie publique qui leur seront désignés par l'autorité, des urinoirs fixes ou mobiles, en nombre suffisant, pour être à la disposition du public qui assiste aux représentations.

Art. 2. Ces urinoirs seront établis aux frais des directions théâtrales et appropriés aux localités, et ils ne pourront être mis en place avant d'avoir été agréés par l'administration, quant à leur forme et à leur disposition.

Art. 3. Les urinoirs mobiles seront, chaque jour de représentation, placés par des employés des théâtres, à partir de 5 heures du soir, sur les points de la voie publique désignés par l'autorité, et devront y rester jusqu'à la clôture des représentations.

Art. 4. L'enlèvement desdits urinoirs devra s'effectuer chaque jour immédiatement après la fermeture du théâtre par les gardiens de ces établissements, qui devront rentrer les urinoirs dans les dépendances du théâtre.

Art. 5. En aucun cas, la vidange de ces urinoirs ne pourra avoir lieu sur la voie publique.

Art. 6. Les dispositions ci-dessus sont applicables aux directeurs des théâtres de la banlieue.

Art. 7. Les contraventions de la part des directeurs de théâtres aux dispositions du présent arrêté seront constatées par des procès-verbaux ou rapports, qui seront transmis au tribunal compétent, et ce, indépendamment de la prise de toutes mesures administratives auxquelles elles pourraient donner lieu.

Art. 8. Le présent arrêté sera notifié à chaque directeur de théâtre de la capitale et de la banlieue avec injonction d'y satisfaire.

Des ampliations en forme seront en outre adressées à M. le chef de la police municipale, à MM. les commissaires de police de la ville de Paris, aux officiers de paix, au directeur de la salubrité, à l'architecte commissaire de la petite voirie, que nous chargeons d'en assurer l'exécution, chacun en ce qui le concerne.

Des expéditions en seront pareillement transmises à MM. les sous-préfets de Saint-Denis et de Sceaux, et à MM. les maires des communes de la banlieue où il existe des théâtres, pour concourir également à son exécution.

Fait à Paris le 7 mars 1839.

Le conseiller d'État, préfet de police,

Signé : G. DELESSERT.

Arrêté qui prescrit aux directeurs des théâtres les règles à suivre pour l'annonce des pièces nouvelles sur les affiches de leurs théâtres.

Paris, le 15 juin 1841.

Nous, conseiller d'État, préfet de police,

Vu l'article 12 de l'arrêté des consuls, qui nous charge du maintien du bon ordre tant au dedans qu'au dehors des théâtres ;

Vu la loi du 9 septembre 1835, art. 21 et 22 ;

Vu l'art. 471, n° 15, du Code pénal ;

Considérant que les directeurs des théâtres font afficher les premières représentations dramatiques sans être en possession des manuscrits des pièces autorisées par le ministre de l'intérieur;

Considérant que l'affiche ou l'annonce anticipée d'une première représentation, sans justifier du manuscrit autorisé, n'est pas sans inconvénient pour le maintien du bon ordre dans les théâtres, l'autorisation pouvant être refusée ou retirée au moment où le public se porte à un théâtre sur la foi de l'affiche, annonçant une première représentation ;

Par ces motifs,

Arrêtons ce qui suit :

1. A l'avenir, les directeurs des théâtres de la capitale et de la banlieue ne pourront faire annoncer sur leurs affiches la première représentation d'un ouvrage qu'autant que le manuscrit aura été approuvé par le ministre de l'intérieur, conformément à l'art. 21 de la loi du 9 septembre 1835, et qu'ils auront préalablement justifié de cette approbation au commissaire de police du quartier, qui constatera sur le manuscrit le jour et l'heure de sa présentation.

2. L'infraction aux dispositions de l'article précédent sera constatée par des procès-verbaux, qui seront transmis au tribunal de simple police.

3. Le présent arrêté sera notifié à chaque directeur de théâtre par les commissaires de police, qui dresseront procès-verbal de cette notification.

4. Les commissaires de police de la ville de Paris,

le chef de la police municipale, les officiers de paix, les maires et les commissaires de police des communes du ressort de la préfecture de police, qui possèdent des théâtres, sont chargés de veiller à l'exécution du présent arrêté.

Le conseiller d'État, préfet de police,

Signé : G. DELESSERT.

Arrêté concernant la fixation des rétributions résultant du dépôt des cannes et autres objets dans les théâtres et les établissements publics.

Paris, le 10 décembre 1841.

Nous, conseiller d'État, préfet de police ;

Vu la loi des 16-24 août 1790 ;

L'arrêté des consuls du 12 messidor an VIII (1er juillet 1800, art. 12) ;

L'ordonnance du 12 février 1828 sur la police des théâtres ;

Celle du 31 mai 1833 sur la police des bals et salles de concerts publics ;

Considérant que le dépôt des cannes, armes et parapluies dans les théâtres et les salles de bals et concerts donne lieu à des rétributions abusives envers les personnes qui y déposent ces objets ;

Considérant que s'il est de principe que tout service rendu au public donne droit à percevoir une rétribution quelconque, il est du devoir de l'autorité de n'en pas abandonner la fixation au caprice et à l'arbitraire des préposés au dépôt des objets ci-dessus spécifiés.

Arrêtons ce qui suit :

1. A dater du présent arrêté, et à l'avenir, les préposés des directeurs de théâtres, des salles de bals et de concerts, chargés de recevoir en dépôt les cannes, armes, parapluies, manteaux ou tout autre vêtement des personnes qui se rendent dans ces établissements publics, ne pourront percevoir à titre de salaire pour la garde du dépôt des objets que les rétributions ci-après, savoir ;

Pour une canne.	10 c.
— un parapluie.	10
— une épée.	10
— un sabre	10
— un manteau ou tout autre vêtement.	25

2. Les rétributions ci-dessus fixées devront être payées au moment où s'effectuera le dépôt des objets décrits ci-dessus.

3. Il sera délivré par les dépositaires, en échange des objets qui leur seront déposés, des numéros.

Ces numéros énonceront le titre du théâtre ou de l'établissement public, ainsi que la nature de l'objet déposé.

4. La restitution des objets qui auront été déposés s'opérera sur la remise du numéro de dépôt par la personne qui en sera porteur.

5. Les dépositaires devront conserver et restituer les objets qui leur seront confiés, conformément aux dispositions du Code civil.

6. Lorsque ces objets auront été déposés dans les bals de nuit qui ont lieu dans les théâtres, ou autres établissements publics, les rétributions déterminées par l'art. 1er du présent arrêté seront payées doubles.

7. Les contraventions au présent arrêté seront constatées par les commissaires de police et déférées au tribunal de simple police.

8. Le présent arrêté sera imprimé et affiché dans les bureaux et vestiaire destinés à recevoir les objets en dépôt.

Il sera en outre notifié à tout directeur de théâtres, bals et concerts, dont les salles sont situées dans Paris et dans la banlieue, ainsi qu'aux personnes préposées par eux au dépôt des objets désignés par les ordonnances de police des 12 février 1828 et 31 mai 1833.

9. Le chef de la police municipale, les commissaires de police, etc.

Le conseiller d'État, préfet de police,

Signé : G. DELESSERT.

Circulaire du préfet de police aux commissaires de police, relative à la présence d'un détachement de sapeurs-pompiers lors des répétitions générales ou partielles.

Paris, le 23 novembre 1843.

Monsieur, l'arrêté de police du 27 octobre 1827, toujours en vigueur, dispose, art. 2, que les répétitions générales dans les théâtres, ou même celles dans lesquelles la rampe sera allumée et où l'on ferait l'essai d'armes à feu ou d'artifice, ne peuvent avoir lieu qu'en présence d'un détachement de sapeurs-pompiers *égal* à celui envoyé lors des représentations ordinaires.

Indépendamment de ces divers cas qui nécessitent l'envoi de ce détachement, j'ai reconnu également que sa présence était indispensable lorsque des répétitions générales et partielles auront lieu 1° avec allumage d'une ou plusieurs herses de lumières; 2° avec éclairage en plein des décors, ou de becs de lumières adaptés sur plus de deux portants de la scène; 3° lorsqu'il y aura des travaux pendant la nuit à l'intérieur du théâtre; et 4° lorsque le lustre de la salle sera allumé.

Veillez donc bien, monsieur, afin d'assurer le service des sapeurs pompiers dans les divers cas précisés ci-dessus, notifier la nouvelle mesure que je vous communique à chaque directeur de théâtre, dont la salle est située sur votre quartier, avec injonction de s'y conformer et de vous prévenir à l'avance, ainsi que l'état-major du corps des sapeurs-pompiers, de toutes les répétitions générales ou partielles qui auront lieu dans leurs salles, en faisant usage des moyens d'éclairage, d'armes à feu et de pièces d'artifice, déterminés par cette lettre, et par l'arrêté de police du 27 octobre 1827, afin que le détachement de sapeurs-pompiers, réglé pour les représentations ordinaires, soit envoyé assez à temps pour exercer une surveillance contre l'incendie.

Vous notifierez en outre à chaque directeur, que les contraventions aux prescriptions ci-dessus seront constatées régulièrement, et les procès-verbaux transmis au tribunal compétent.

Dans tous les cas vous devez exercer une surveillance soutenue, pour requérir la présence d'un détachement de sapeurs-pompiers, lors de chaque répétition générale et partielle, à défaut par les directeurs de vous en donner avis.

Je vous i vite, en terminant, à m'adresser le procès-verbal de la notification que vous aurez faite à chaque directeur de théâtre de la présente décision.

Recevez, monsieur, l'assurance de ma parfaite considération.

Le conseiller d'état, préfet de police.

Signé : G. DELESSERT.

Arrêté concernant les représentations extraordinaires et à bénéfice dans les théâtres.

Paris, le 23 novembre 1843.

Nous, conseiller d'état, préfet de police,

Vu l'article 12 de l'arrêté des consuls du 12 messidor an VIII (1er juillet 1800), qui nous attribue la police des théâtres, pour y assurer le maintien de la tranquillité et du bon ordre, tant au dedans qu'au dehors ;

Vu l'article 5 du règlement du ministre de l'intérieur, du 26 avril 1807, approuvé par le décret du 29 juillet 1807, portant qu'aucun des théâtres de Paris ne pourra jouer des pièces qui sortiront du genre qui leur a été assigné ;

Vu l'article 3 du décret susdaté, qui dispose qu'aucun déplacement de troupe d'une salle dans une autre, ne pourra avoir lieu dans la ville de Paris, sans une autorisation du ministre de l'intérieur ;

Vu l'article 21 de la loi du 9 septembre 1835 ; considérant que quelques directeurs de théâtres de la capitale, où des représentations extraordinaires ou à bénéfices ont lieu, sont dans l'usage de remplacer par d'autres ouvrages dramatiques, appartenant aux répertoires des divers théâtres de Paris ceux dont la représentation a été autorisée par le ministre de l'intérieur ;

Considérant que ces sortes de substitutions, qui se font sans l'agrément de l'autorité, sont de nature à provoquer des désordres dans les théâtres, en même temps qu'elles sont une infraction aux décisions ministérielles qui autorisent des représentations extraordinaires ou à bénéfice ;

Considérant que l'autorisation donnée pour la représentation des ouvrages dramatiques, est spéciale aux entreprises qui l'ont obtenue, et que nul ouvrage, même autorisé pour un théâtre, ne peut être représenté sur un autre, sans une nouvelle autorisation ;

Voulant empêcher le retour d'un pareil abus et prévenir des désordres dans les théâtres ;

Et vu l'article 471, n° 15 du Code pénal ;

Arrêtons ce qui suit :

Article 1er. Il est expressément défendu aux directeurs de théâtres de la capitale, sur lesquels des représentations extraordinaires ou à bénéfice sont autorisées, de substituer dans leurs affiches et de faire jouer des ouvrages dramatiques autres que ceux indiqués dans les autorisations ministérielles qui auront été accordées pour ces sortes de représentations extraordinaires.

Art. 2. Néanmoins lorsqu'un acteur qui devra paraître dans l'un des ouvrages autorisés, se trouvera subitement dans l'impossibilité de jouer, ou si une indisposition se manifeste lorsque le spectacle sera commencé, les directeurs conserveront la faculté, sans être tenus de recourir à une nouvelle autorisation ministérielle, de substituer aux ouvrages qui ne pourront être représentés d'autres pièces dramatiques, mais sous la condition qu'elles feront partie du répertoire du théâtre où la représentation extraordinaire ou à bénéfice aura lieu, et non du répertoire d'un autre théâtre.

Art. 3. Les contraventions aux articles qui précèdent seront constatées régulièrement par les commissaires de police de service près les théâtres et déférées au tribunal compétent, et ce indépendamment des mesures administratives auxquelles lesdites contraventions pourront donner lieu, et sans préjudice contre les contrevenants, des poursuites qui pourraient être exercées contre eux en vertu de la loi du 9 septembre 1835.

Art. 4. Le présent arrêté sera transmis à MM. les commissaires de police de la ville de Paris, pour être par eux notifié à chaque directeur de théâtre de la capitale, avec injonction de s'y conformer, et les commissaires de police en surveilleront l'exécution chacun en ce qui le concerne.

Ampliation en sera pareillement adressée à M. le chef de la police municipale, chargé de concourir à son exécution.

Le conseiller d'État, préfet de police,

Signé : G. Delessert.

(Voir l'ordonnance du 30 mars 1844, *infrà*.)

Ordonnance concernant la police intérieure des théâtres de la capitale.

Paris, le 30 mars 1844.

Nous, pair de France, préfet de police,

Vu la loi des 16-24 août 1790;

Le décret des 13 et 19 janvier 1791;

L'article 46 de la loi des 19-22 juillet 1791;

Vu l'art. 12 de l'arrêté des consuls du 12 messidor an VIII (1er juillet 1800);

Vu l'art. 471, n° 15 du Code pénal;

Considérant que des abus se sont introduits dans quelques directions théâtrales, soit en changeant arbitrairement la destination des places composant habituellement le parterre, soit en élevant le prix des places au delà de ceux fixés par le tarif spécial à chaque théâtre, soit en continuant la location des places et des loges après l'entrée du public dans les salles de spectacle, soit en délivrant des billets désignant diverses places au choix du porteur du billet, soit enfin en annonçant les changements apportés dans la composition du spectacle du jour par des affiches qui ne provoquent pas suffisamment l'attention du public avant son entrée dans les théâtres;

Considérant que ces divers abus donnent lieu continuellement à des désordres à l'intérieur des théâtres, et à des plaintes et réclamations fondées de la part du public ;

Considérant que dans un intérêt d'ordre public, et afin de prévenir toute espèce de troubles dans les théâtres, il importe de remédier promptement à un tel état de choses ; et vu la lettre de son excellence le ministre de l'intérieur, en date du 27 mars dernier, portant approbation des dispositions de la présente ordonnance ;

Ordonnons ce qui suit :

Article 1er. Aussitôt après la réception par l'autorité d'une salle de spectacle, dans un intérêt d'ordre et de sûreté publique, il est expressément défendu à tous directeurs de théâtres d'y faire aucun changement dans sa construction, ainsi que dans les divisions et distributions des loges, et notamment dans celles des places composant l'orchestre, le parterre, les balcons, les baignoires et les galeries, sans en avoir obtenu l'autorisation du préfet de police.

Art. 2. Il leur est pareillement défendu de changer, même pour une représentation extraordinaire ou à bénéfice, ou pour une première représentation la destination des places de leurs salles et notamment celles du parterre, des balcons et des premières galeries, pour les convertir en stalles d'orchestre ou en places louées et numérotées, à moins d'en avoir obtenu l'autorisation du préfet de police.

Art. 3. Toutes les fois que des changements auront été autorisés dans la distribution, la division et le nombre des places, les directeurs seront tenus d'en prévenir le public par les affiches qui concernent le spectacle à l'occasion duquel le changement a eu lieu.

Art. 4. A l'avenir les directeurs de théâtres ne pourront annoncer les changements survenus dans les spectacles du jour que par des bandes de papier blanc, qu'ils feront appliquer avant l'ouverture du théâtre au public, sur les affiches apposées dans la matinée aux abords des bureaux pour la distribution des billets et dans les environs du théâtre.

En conséquence, il leur est expressément interdit d'effectuer ces changements par de nouvelles affiches imprimées, quelle que soit la couleur du papier.

Art. 5. Il est enjoint à tous directeurs de théâtres de faire livrer leur salle au public et de faire commencer la représentation aux heures indiquées par les affiches de spectacle.

Art. 6. Les directeurs de théâtres seront tenus de supprimer les billets qu'ils font délivrer et qui désignent plusieurs places au choix du spectateur.

Il leur est enjoint de les faire remplacer dans les trois mois qui suivront la date de la présente ordonnance, par des billets énonçant nominativement la seule place que le spectateur aura droit d'occuper.

Art. 7. Il est formellement interdit aux directeurs de théâtres d'augmenter sous aucun prétexte et à aucune époque de l'année, même pour une représentation extraordinaire ou à bénéfice, les prix des places dans les salles de spectacle, au delà des prix fixés par le tarif concernant la location des places, soit par celui spécial à la vente des billets pris aux bureaux établis à l'extérieur du théâtre, sans y avoir été autorisé par le préfet de police.

Art. 8. Les directeurs de théâtres seront tenus de faire établir, dans un délai de six mois à partir de la date de la présente ordonnance, les places et stalles qu'ils destineront à la location, de manière à ne pouvoir être occupées que par les personnes porteurs de coupon de location.

En conséquence, le siége desdites places et stalles sera rendu mobile, il sera sur charnières, de manière à pouvoir être relevé sur le dossier de la stalle où il sera fixé par un mécanisme qui ne pourra s'ouvrir pour abaisser le siége que par un préposé du directeur, lequel sera spécialement chargé du placement des personnes porteurs des coupons de location, lesquels coupons devront porter un numéro correspondant à la stalle ou à la place louée.

Art. 9. Il est enjoint à tout directeur de théâtre de faire cesser la location des loges, des stalles, ou de toute autre place, aussitôt l'introduction du public dans les salles de spectacle, et défense leur est faite de faire revendre des loges, des stalles ou autres places qui auront été inscrites sur la feuille de location du jour.

Art. 10. Toutes les loges, stalles ou places louées devront être inscrites par les directeurs sur la feuille de location, et aucune autre ne devra y être inscrite.

Art. 11. L'inscription en usage dans les théâtres pour désigner les loges et les stalles louées ne devra être placée que sur celles qui le seront véritablement.

Art. 12. Il est expressément enjoint aux directeurs de théâtres de faire remettre au commissaire de police ou à l'officier de paix de service lors de la représentation, au moment de l'introduction du public dans la salle, un double certifié par eux de la feuille de location, afin de leur donner le moyen d'apprécier et de constater les réclamations et contestations auxquelles leur occupation pourrait donner lieu de la part des spectateurs.

Art. 13. Les contraventions aux dispositions de la présente ordonnance seront constatées par des procès-verbaux des commissaires de police, qui seront transmis au tribunal compétent, indépendamment des mesures auxquelles elles peuvent donner lieu.

Art. 14. Toutes les ordonnances sur la police des théâtres publiées jusqu'à ce jour, continueront de recevoir leur exécution dans celles de leurs dispositions non contraires à la présente ordonnance.

Art. 15. La présente ordonnance sera imprimée, publiée, etc., etc.

Le pair de France, préfet de police,

Signé : G. Delessert.

Arrêté concernant le tarif du prix des places dans les théâtres.

Paris, le 11 mars 1845.

Nous, pair de France, préfet de police,

Vu l'arrêté des consuls du 12 messidor an VIII, qui nous attribue la police des théâtres de la capitale ;

Considérant que les mesures concernant le tarif du prix des places dans les théâtres sont essentiellement d'ordre public;

Considérant que des réclamations nous sont adressées contre les changements et variations que les directeurs des théâtres apportent fréquemment dans le prix des places résultant de leurs tarifs, notamment dans celui qui est spécial à la location des loges, stalles et autres places des salles de spectacle ;

Considérant que la faculté laissée aux directeurs d'abaisser ou de rétablir à leur gré le maximum du prix des places fait naître dans l'esprit du public des doutes qui dégénèrent souvent en observations malveillantes, et même en discussions de nature à troubler l'ordre dans l'intérieur des théâtres;

Vu les lettres de M. le ministre de l'intérieur des 26 février dernier et 11 mars courant portant approbation du présent arrêté,

Arrêtons ce qui suit :

Art. 1er. A l'avenir, les tarifs indiquant le prix des places dans les théâtres ne seront obligatoires, pour le directeur et le public, qu'après qu'ils auront été soumis à notre examen, et qu'ils auront reçu notre approbation préalable.

Art. 2. Il est enjoint à tout directeur d'établir immédiatement deux tarifs distincts du prix des places dans leurs salles : l'un, qui déterminera le prix des places prises aux bureaux de l'extérieur de chaque théâtre ; l'autre, qui réglera les prix applicables aux loges, stalles et autres places prises d'avance au bureau de location.

Art. 3. Ces tarifs une fois établis et approuvés par nous, les directeurs de théâtres ne pourront sous aucun prétexte en changer ni faire varier les prix.

Ils pourront néanmoins, sur demandes motivées qu'ils nous transmettront, obtenir de nous les modifications qu'il sera reconnu nécessaire d'apporter auxdits tarifs dans l'intérêt de leur direction.

Art. 4. Il est enjoint à tous directeurs de théâtres de faire publier le tarif du prix des places prises aux bureaux, ainsi que le tarif spécial à la location des loges, stalles ou autres places par leurs affiches de spectacle.

Art. 5. Ils seront tenus en outre de faire placer ostensiblement des exemplaires imprimés du tarif de la location des loges, stalles et autres places dans les bureaux destinés à ladite location, sous les vestibules des théâtres et à l'extérieur des bureaux où le public prend les billets.

Art. 6. Les tarifs actuels seront annulés par le fait de l'approbation des nouveaux tarifs, laquelle approbation devra être demandée par les directeurs dans le délai de quinze jours, à dater de la notification qui leur sera faite du présent arrêté.

Art. 7. Les dispositions de l'article 7 de notre ordonnance de police du 30 mars 1844, relatives à l'augmentation du prix des places, lors des représentations à bénéfice, continueront de recevoir leur exécution.

Art. 8. Les contraventions aux dispositions du présent arrêté seront régulièrement constatées par les commissaires de police et déférées au tribunal compétent.

Art. 9. Le présent arrêté sera notifié aux directeurs de théâtres de la capitale. Il sera en outre imprimé, publié et affiché à l'intérieur des salles de spectacle et dans les bureaux où a lieu la location des loges.

Art. 10. Le chef de la police, etc.

Le pair de France, préfet de police,

G. DELESSERT.

Consigne générale des gardes de police aux théâtres.

Paris, le 11 juillet 1845.

Art. 1er. Les hommes de service aux théâtres doivent s'y rendre une heure avant l'ouverture des bureaux; ils sont entièrement à la disposition de MM. les commissaires de police et officiers de paix de service près de chaque théâtre, qui sont spécialement chargés du maintien du bon ordre.

Art. 2. Les mesures d'ordre à l'extérieur des théâtres sont prescrites par les commissaires de police, ou, à leur défaut, par les officiers de paix. Dès le moment que les queues commencent à se former, des hommes de garde, en nombre suffisant, y seront placés pour y maintenir l'ordre.

Art. 3. Tout garde requis par les commissaires de police ou officiers de paix, soit par les directeurs ou employés supérieurs des théâtres, en prévient sur-le-champ son chef de poste, excepté en cas d'urgence, où il obéit de suite.

Art. 4. MM. les directeurs ou employés supérieurs des théâtres ne doivent pas permettre que les gardes ni les sous-officiers de service s'introduisent pendant les représentations dans les loges des quatrièmes ou à toute autre place; — recommandation expresse étant faite à tout garde de ne pénétrer dans l'intérieur des salles que sur la réquisition des commissaires de police ou officiers de paix.

Art. 5. Tout individu arrêté par un sous-officier ou garde doit être conduit devant le chef de poste, et remis ensuite à la disposition du commissaire de police, ou, à son défaut, à celle de l'officier de paix de service au théâtre.

Art. 6. Il est instamment recommandé aux hommes de garde d'apporter dans l'exécution des ordres qui leur sont donnés, du sang-froid, de la fermeté et de la prudence, et de toujours chercher à concilier la rigueur de leur consigne avec la modération qu'elle réclame.

Art. 7. En cas d'incendie, de tumulte ou de rassemblement pouvant compromettre la tranquillité publique, soit au théâtre, soit dans les environs, la garde prend sur-le-champ les armes et se tient prête à obtempérer aux réquisitions qui peuvent lui être faites par les commissaires de police de service, ou agir sous le commandement du chef de la troupe en cas de circonstances extraordinaires.

Art. 8. Les gardes de police aux théâtres étant exclusivement destinées au service du théâtre où elles se trouvent, elles ne peuvent en être distraites à moins d'urgence et par un ordre émané du préfet de police ou des agents dépositaires de la force publique ; dans ce cas même, elles ne doivent jamais être distraites en totalité.

Art. 9. Les gardes de service n'ont aucun contrôle

ni aucune surveillance à exercer sur les billets d'entrée aux spectacles ; ils ne doivent pas non plus examiner les droits des personnes qui réclament leur entrée à quelque titre que ce soit.

Art. 10. Il leur est également défendu de mettre le bonnet de police et de fumer, même sous le vestibule et le péristyle au devant du théâtre, pendant tout le temps du service.

Art. 11. Les chefs de poste ni les gardes ne peuvent intervenir dans les querelles qui s'élèvent autour d'eux que sur la réquisition des commissaires de police ou officiers de paix.

Art. 12. Toute insulte envers les militaires de service près les théâtres, tout acte de rébellion aux ordres et consignes qu'ils sont chargés de faire exécuter, donne lieu immédiatement à l'arrestation de l'individu qui s'en est rendu coupable ; l'individu arrêté est conduit au bureau de police du théâtre.

Art. 13. Les chefs de poste doivent envoyer le lendemain matin, de bonne heure, au colonel commandant, le rapport des événements qui ont eu lieu pendant leur service ; ils signalent les abus qu'ils ont reconnus, font connaître les fautes commises par les hommes de garde, et détaillent les objets à fournir ou à réparer dans le corps de garde. Ils ont le soin de signaler les gardes qui ont manqué à l'effectif commandé. Ils présentent chaque jour leur rapport à l'administration du théâtre, qui y inscrit ses observations et ses réclamations si elle en a à faire, et qui, dans le cas contraire, se borne à le signer.

Art. 14. Le chef de poste à chaque théâtre doit réunir la troupe au commencement du dernier acte, faire appeler l'officier de paix, ou, en son absence, le commissaire de police de service, pour recevoir de lui les consignes relatives au bon ordre pendant la sortie du public et le défilé des voitures, et placer les factionnaires conjointement avec cet officier de paix.

Art. 15. Aucun factionnaire en vedette ne peut être relevé qu'après l'entière évacuation de la salle, ni abandonner son poste sous aucun prétexte.

Art. 16. Quand la salle est évacuée et le défilé des voitures entièrement terminé, le chef du poste reconduit en bon ordre sa troupe au quartier, et fait patrouille en suivant l'itinéraire qui lui a été tracé.

Art. 17. Les officiers de ronde surveillent l'exécution de la présente consigne, dont les chefs de poste sont responsables.

Art. 18. La consigne générale en date du 29 décembre 1817 concernant les gardes de police aux théâtres, et toutes celles postérieurement prises sont et demeurent révoquées dans tout leur contenu.

Signé : le colonel de la garde municipale,

Vu et approuvé :

Le pair de France, préfet de police,

Signé : G. DELESSERT.

Consigne générale pour les sapeurs-pompiers de service dans les théâtres.

Paris, le 22 juin 1847.

Art. 1er. Les détachements de service dans les théâtres devront toujours être arrivés un quart d'heure avant l'ouverture des bureaux de recette.

Art. 2. Le caporal de grand'garde vérifiera si tous les objets du matériel portés sur l'inventaire déposé dans les postes sont placés où ils doivent être, et s'ils sont en bon état; il vérifiera également les bornes-fontaines et les réservoirs.

Art. 3. Un quart d'heure avant l'ouverture des bureaux, le sous-officier commandant fera prendre les postes; les hommes de grand'garde seront employés de préférence à ceux du théâtre ou des cintres.

Art. 4. Les factionnaires seront conduits à leurs postes par les caporaux de grand'-garde qui leur donneront les consignes et examineront si à chaque poste, le boisseau est en bon état, la clef bien tournée, les boyaux bien placés, les éponges à main humides, les croissants et les haches en bon état.

Art. 5. Quand les postes seront pris et que le commandant du détachement aura visité les bornes-fontaines, il fera sonner aux postes supérieurs, afin de s'assurer que les pompes fonctionnent bien ; et fera remplir les réservoirs.

Il visitera ensuite tous les établissements, s'assurera de leur état, si les consignes sont bien connues des factionnaires, et enfin si la correspondance des sonnettes est bien établie.

Art. 6. Les factionnaires s'occuperont de surveiller les portants de lumière, les herses et les pièces d'artifice pendant le spectacle et particulièrement pendant les changements de décorations.

Ils ne laisseront pas déposer des décorations ou autres accessoires du théâtre devant leur armoire ; s'ils éprouvaient de la part des employés du théâtre quelques difficultés pour l'exécution de cette dernière disposition, ils en préviendraient sur-le-champ le commandant du détachement, qui en référera au commissaire de police de service.

Art. 7. Le spectacle terminé, le caporal de représentation, qui sera resté en faction sur le théâtre, ira relever les factionnaires, qui ne doivent quitter leurs postes qu'après l'extinction des lumières et avoir développé les boyaux des colonnes en charge ; ensuite le sous-officier de service avec le caporal de grand'garde fera une ronde dans les dessous du théâtre afin de s'assurer qu'aucune lampe ne reste allumée et qu'il n'y a aucun danger. Dans les théâtres où il n'y aura pas de sapeur en faction sur la scène, le sous-officier en fera monter un de la cave pour surveiller, tandis qu'il fera sa ronde.

Art. 8. Après le départ du détachement, le caporal de grand'garde, assisté du concierge du théâtre, fera une ronde générale.

Art. 9. Pendant toute la nuit, toutes les armoires seront ouvertes. Pendant le jour, les boyaux seront reployés et les armoires fermées, à l'exception d'une des armoires de colonne de chute sur le théâtre.

Art. 10. Pendant le jour et la nuit, le temps de la représentation excepté, il sera placé une sentinelle sur le théâtre ; elle sera en tenue de feu et armée de son sabre ; elle aura dans sa poche une clef de toutes les armoires ; une hache, un seau rempli et une éponge à main, seront déposés près de la lampe de nuit, en tout temps, excepté pendant la représentation.

Art. 11. Dans les théâtres où il y a un caporal et plus de deux sapeurs de grand'garde, il y aura deux factionnaires pendant la nuit, un sur la scène et l'autre toujours en ronde dans toutes les parties du théâtre, le caporal ne fera que des rondes ; en outre, il posera et relèvera les factionnaires.

Dans les théâtres où la grand'garde est composée d'un caporal et de deux sapeurs, le caporal, après la ronde terminée, restera en faction sur le théâtre pendant deux heures ; il fera en outre des rondes fréquentes.

Art. 12. Les caporaux de grand'garde devront faire prendre les postes des colonnes en charge, lors des répétitions avec lumières, lorsqu'il n'aura pas été commandé de détachement extraordinaire. Ils feront prévenir les commissaires de police des répétitions qui devront avoir lieu avec lumières et portants ou avec des artifices. Ils feront connaître aux hommes de service tous les établissements, les réservoirs, tous les secours qui sont à leur disposition, et le parti qu'on peut en tirer. Ils leur apprendront comment les pompes et les colonnes en charge sont alimentées, et le moyen d'employer une pompe aspirante comme foulante. Ils leur feront aussi connaître la manière d'ouvrir les bornes-fontaines qui environnent les théâtres, et les diverses issues qui donnent accès au théâtre et dans la salle. Ils ne devront rien omettre pour que les sapeurs placés sous leurs ordres soient en état de les seconder avec intelligence en cas d'événement.

Lorsque le caporal s'absentera de son poste pour faire connaître a x hommes sous ses ordres tous les établissements et issues, il devra en prévenir le factionnaire.

Art. 13. Tous les matins, à huit heures, les matelas seront battus, le poste balayé et parfaitement nettoyé.

Les jeudis et samedis, les couvertures seront secouées et battues, en même temps que les matelas.

Les vitres seront nettoyées toutes les fois qu'elles seront malpropres.

Consigne pour les factionnaires placés au théâtre dans les ponts-grils, etc., etc.

Lorsque l'on sonne à votre poste, il faut sonner à celui qui est au-dessous du vôtre. Si le feu se manifeste, et que vos seaux, vos éponges et votre croissant soient insuffisants pour l'éteindre promptement, sonnez, tournez la branche de la clef du boisseau devant vous, prenez les boyaux à brassée, sortez-les de l'armoire, et développez-les de manière que l'eau puisse circuler librement et qu'ils ne puissent être atteints par le feu. Quand vous vous servirez d'une colonne en charge, vous n'ouvrirez le robinet qu'après avoir développé les boyaux.

Consigne pour le chef qui commande la manœuvre de la pompe.

Lorsque l'on sonnera à votre poste, vous ferez aussitôt manœuvrer la pompe dont la sonnette aura été entendue, et ferez cesser la manœuvre lorsque vous entendrez un nouveau coup de sonnette.

Consigne pour la sonnette de jour et de nuit.

Si le feu se manifeste dans quelques parties du théâtre ou de la salle, vous sonnerez de suite pour avertir les sapeurs qui sont au poste et les employés du théâtre qui sont logés dans l'intérieur : en attendant leur arrivée, vous emploierez tous les secours qui sont à votre disposition, et particulièrement les colonnes en charge.

Consigne pour le poste pendant le jour et pendant la nuit, le temps de la représentation excepté.

Dès que la sonnette d'alarme se sera fait entendre, le caporal, suivi de toute la garde, se transportera vivement auprès de la sentinelle, reconnaîtra le feu, et, si cela est nécessaire, il fera attaquer avec tous les jets provenant des colonnes en charge. Il réunira ensuite le plus de monde qu'il lui sera possible pour faire manœuvrer les pompes. Si avec tous ces moyens il ne peut s'en rendre maître, il criera au feu, et fera tout ce qui dépendra de lui pour faire prévenir promptement le commissaire de police et la caserne du corps la plus près du théâtre.

Art. 14. Sont et demeurent rapportées les dispositions antérieures contraires à la présente consigne.

Signé : le commandant du corps.

Vu et approuvé,

Le pair de France, préfet de police,

Signé : G. Delessert.

Ordonnance concernant les cafés-concerts.

Paris, le 17 novembre 1849.

Nous, préfet de police,

Vu la loi des 16-24 août 1790, tit. XI;

L'arrêté du gouvernement du 12 messidor an VIII;

L'arrêté du gouvernement du 5 brumaire an IX;

Ordonnons ce qui suit :

Art. 1er. Il est interdit aux propriétaires des cafés, estaminets et autres établissements publics, situés dans le ressort de la préfecture de police, d'avoir dans leurs établissements, sans notre autorisation, des chanteurs, bateleurs, musiciens, et d'y faire exécuter des chants, déclamations, parades et concerts.

Art. 2. L'arrêté d'autorisation contiendra les conditions sous lesquelles la permission est accordée.

Art. 3. Les permissions délivrées jusqu'à ce jour devront être renouvelées dans le délai de trois mois.

Art. 4. La présente ordonnance sera imprimée, etc.

Le préfet de police,

Signé : P. Carlier.

FIN.

TABLE DES MATIÈRES.

CHAPITRE PREMIER.

DES DIVERSES NATURES D'AUTORISATIONS THÉATRALES.

CHAPITRE II.

CONSTRUCTION DES THÉATRES. RÈGLES A OBSERVER.

CHAPITRE III.

DES THÉATRES SOUS LE RAPPORT DE LEUR SOLIDITÉ, DES PRÉCAUTIONS CONTRE L'INCENDIE, DE LEUR MODE D'EXPLOITATION.

CHAPITRE IV.

FIN DE LA TABLE.

www.ingramcontent.com/pod-product-compliance
Ingram Content Group UK Ltd.
Pitfield, Milton Keynes, MK11 3LW, UK
UKHW031836260826
14628UKWH00001B/430

9 782014 468359